张光直作品系列

番薯人的故事
张光直早年生活自述

张光直 著

生活·讀書·新知 三联书店

Copyright © 2013 by SDX Joint Publishing Company
All Rights Reserved.
本作品中文版权由生活·读书·新知三联书店所有。
未经许可,不得翻印。

图书在版编目(CIP)数据

番薯人的故事:张光直早年生活自述/(美)张光直著.—北京:生活·读书·新知三联书店,2013.1
(2024.3 重印)
(张光直作品系列)
ISBN 978-7-108-04280-4

Ⅰ.①番… Ⅱ.①张… Ⅲ.①张光直(1931~2001)－回忆录 Ⅳ.① K837.125.81

中国版本图书馆 CIP 数据核字(2012)第 214816 号

责任编辑 孙晓林
装帧设计 蔡立国
责任印制 董 欢

出版发行 生活·讀書·新知 三联书店
(北京市东城区美术馆东街 22 号)
邮 编 100010
经 销 新华书店
印 刷 河北鹏润印刷有限公司
版 次 2013 年 1 月北京第 1 版
       2024 年 3 月北京第 4 次印刷
开 本 880 毫米 × 1230 毫米 1/32 印张 3.375
字 数 60 千字
印 数 10,001－12,000 册
定 价 49.00 元

在台北板桥林家花园,1997年

张我军接母亲来北京奉养,1932年

就读建国中学,1948年

张光直之墓,位于美国马萨诸塞州剑桥Mt. Auburn公墓

目 录

前　言 1

父亲、母亲和他们的朋友们 1
北京的生活 8
师大第二附小和男附中 13
回　台 19
40年代的板桥 22
建国中学 25
二·二八事件 28
建国中学（又一章） 33
四六事件 39
监狱生活 47
回到情报处 53
内　湖 60
回　家 64

后　记 67

附录一　老兵的佛像 69
附录二　伐　檀 73
附录三　小人物的速写 76

前　言

拉丁语 lpomea batatas，英语 sweet potato，汉语"番薯"，是一种块茎类的植物，植物学家都说它起源自南美，哥伦布发现新大陆以后，把它带到全世界去。它到明代末年才传到中国，葡萄牙和西班牙的水手们把它传到了中国。这种作物非常适合中国山区干地，所以在中国长得十分茂盛。

拉丁语 colocasia esculenta，英语 taro，汉语"青芋"或"芋仔"，也是一种块茎类作物，植物学家说它起源于东南亚，包括中国南部和马来西亚。它的年代与东南亚的栽培植物（例如稻米）一样地早，大约一万年以前。

1895年，大清帝国与日本打了一个大海仗，输得一败涂地，被迫将台湾岛给予日本。从此，台湾岛上的居民便成为"亚细亚的孤儿"。因为台湾岛的形状很像一个白薯，所以岛上两三千万的汉人常常叫他们自己为"番薯人"。我父亲就是一个"番薯人"，他在1924年从台湾到北京念大学；本来念的是中国大学，后来承吴承仕先生介绍，转到北京师大，在那里碰到我母亲。我母亲是湖北黄陂人，那年只有18岁。我父亲23岁，两人相恋，母亲家里不同意，两人便私奔台湾。在台湾举行了一个隆重的婚礼。证婚人林献堂先生，介绍人洪楢、王敏川二位先生，地点是在台北江山楼。从1926年到

1941年，一共生了四个儿子——光正、光直、光诚、光朴。

我们四个兄弟都生在北京，我们都是说标准的京片子，但是因为我们祖母不会说北京话，而且我家常常是台湾人在北京歇脚的地方，有很多台湾人来往，所以我们兄弟也会说台湾话，不过都程度不一地有点北京腔。我们从小学就不喜欢日本人，虽然学了六年日文，但是日文只能看，不能说，也不能写。我们自己认为毫无疑问的是台湾人，是番薯人；但也是闽南人、中国人。

现在的台湾人也自称为"番薯人"，但是有一个新名词加入了族群语汇，那就是"芋仔"，指1945年以后来的外省人。胡台丽说"芋仔"这个词是1949年以后，从大陆来了六十万大军之后开始出现的〔1〕。这些阿兵哥再加上之前来的外省人，被台湾人称为芋仔，或老芋仔。芋仔和番薯人现在被人为地界定为两个刻板印象：芋仔人不说台语，不与台湾认同，也痛恨日本人；番薯人说台语，本土性强，对日本人有亲切感。

我们一家人用新的语汇就无法分类。事实上，三四十年代的台湾人，都不能清清楚楚地分出番薯人和芋仔。在北京的台湾人，除了我们一家以外，且举几个例子：徐木生、张深切、黄烈火、柯政和、江文也、林焕文（林海音的父亲）、连震东、苏芗雨、赵炼、苏新、苏子蘅、谢文达、蓝荫鼎、郭柏川、杨开华（杨英风的父亲），这些人都可以说是以中国人自认的。但是今天认同的问题就不是那么简单。我相信他们都会很乐意地被叫做番薯人。但是别的称呼呢？我们无法知道。

我弄不明白的是：青芋在台湾已经有一万年以上的历史，

---

〔1〕 胡台丽：《芋仔与番薯——台湾"荣民"的族群关系与认同》，《民族学研究所集刊》69。

当代的政论家却用它来象征来到台湾只有半个世纪的大陆人。而番薯这个植物在台湾只有三四百年的历史，但却用它来象征台湾本土人。也许是因为我们台湾汉人的祖先抵达台湾的时间和番薯来台湾的时间差不多同时，反而芋仔到达台湾的时间已经不能在人的记忆中回想得到。芋、番薯，都是象征性的言语，而象征是流动的。老芋仔本来指来台军人而言，现在芋仔又包括非军人。第二三代更没有一定的规矩来说了。妈妈也许是云林人，爹爹是上海人，自己是生在台湾，长在台湾。也许会说点闽南语，也许会几句家话，也许只会台湾国语。这种人，有时被父亲强迫说是上海人，有时随自己的意思说是台湾人，多数不知道自己到底是哪里人。

我知道我是哪里人。在三四十年代，只听见人说番薯人，与其相对的就是日本人、四脚（Sika）。将其包围的观念是唐山人或阿山。我和父亲都是唐山人或番薯人，这都是特殊的唐山人。40年代以后，族群的观念有连续的改变，但是，那是在这本书的故事发生以后的事了。

父亲、母亲和他们的朋友们

1902年，父亲诞生在板桥——台湾北部的一个小镇，原名张清荣。我的祖父张再兴（一说张再昌），是个小包商，专做小桥等小型建筑工程。祖母姓陈，是板桥港仔嘴人。父亲从小住在板桥，板桥公学校（即现在的板桥国小）毕业，对他

板桥镇上的少年张清荣，
约于1915年

台北板桥国小校园内
张我军塑像落成（1997年）

一生影响最大的老师，就是板桥国小的林木土。板桥国小现在的校歌，说是父亲写的词；最近板桥国小要找一个校友作个纪念石像，他们就作了一个张我军的头像。板桥公学校毕业以后，父亲到厦门一个日本银行做事，在厦门改名字叫张我军。

父亲没有兄弟，有几个妹妹都给人了（生了女儿，自己不要，送给别人，是台湾早年的恶习），只有一个妹妹叫张淑燕还有联络，嫁给曾健成，有两个儿子。我的祖父有一个妹妹，嫁给土城姓何的，有五个儿子；祖父的五个堂兄弟，最大的叫张黑硬，是个农夫；老二张松，在板桥作代书，有四个儿子，还有一个从良的小老婆，叫凤子，生子名光华；老三叫张坤元，在林本源家管过账；老四叫张望洋，也在林本源家里做过管家。我祖父、祖母和父亲过世之后，骨灰都埋在属于张松产权所有的土地上。

1955年，父亲以52岁的英年去世。他是可以多活很多年的；但是他好喝酒，说真话，我相信世界上没有人能把他喝到桌子底下去的。长年的喝酒伤害了他的肝脏，50岁时又在台中街上吃了不洁的食物，染了甲种肝炎。这些多方而集中的攻

张我军发表《糟糕的台湾文学界》严厉抨击台湾旧文学（《台湾民报》1924年2卷24号）

击，终于打倒了这个原本是一个农家小伙子的健康身体。

母亲原名罗文淑，她的身世比起父亲来是要苦些。外祖父是四兄弟中的大哥，生了一女一子。女儿是这一代里的大姐，就是我的母亲。儿子自小有精神病，20岁时娶了一门亲事，想用冲喜来治他的病。婚后生了一个女儿，病是一点没好。三四年后，舅舅就因为老肺结核去世了。舅母只有20岁左右，只好带着小女儿和外祖母同住，守寡；解放后，据说舅母嫁了一个打鼓儿的。到了70年代我们重现于北京时，外祖母、舅母、表妹三代都已不在。外祖父的二弟是个军人，一直跟着张继。只有一个独子，叫文浩。承继父业，上了黄埔军校第八期，在蒋介石手底下做到中将，一度还做过"实践学社"的社长。可是他和蒋经国不合，所以老蒋死了，文浩的军事事业前途也就无望了。

张我军、罗心乡二人于1925年在台北结婚后，摄于板桥林家花园

西单手帕胡同丙25号（现为75号）

母亲的三叔是个衙门的刀笔吏,有一个儿子作海军军官。母亲的四叔,也就是外祖父的小弟,在官场作一个中级的官吏。他的大儿子文绍,一想到他就想到巴金的小说《家》里面的大哥觉新,为了家而牺牲自己的爱情。文绍的弟弟文中也是军人;但他既非黄埔,也不是海军。他就是寻常的小兵,从二等往上爬,我最后看见他的时候,他大概爬到了中尉。

在这个大家庭里面,人,是不好做的。外祖母守寡,舅母也守寡。外祖母是个做人的榜样,"长嫂如母",俗语如此说。但是在罗家(和其他类似的家,我猜),"欺负老实人,踹寡妇门"恐怕更是实情。外祖母住在北京湖北会馆,生活上的困境,是可以想象的。张我军走入他们的生活,今天客观地看来,不能不说是一个好消息。父亲第一次到北京,才22岁。

40年代父母亲摄于北京手帕胡同故居大门门口

母亲17岁。两人一见钟情，但一路充满了绊脚石。母亲还未成年，而她的监护人——四叔对这个"异国"的青年感觉很杂乱。"台湾人！台湾人就是日本人！"

与日本人打仗是分秒间的事，女儿怎能嫁给"日本人"！可是张我军这位青年，从哪边看也不像个日本人。不错，他会说日语，而且说得和日本人一样。可是他的北京话，也听不出来一点外国口音。人长得英俊，外祖母愈看愈喜欢。那么天真，那么用功。

四叔挣扎的结果，是民族主义（但是一种伪民族主义）的胜利。母亲马上被安排出嫁，嫁给一位小有钱的商人。这时候我父亲在台湾编《台湾民报》，母亲与外祖母急得团团转。不妨，这时就有朋友相助了。父亲在北京认识的台湾人不少，其中有一个鹿港人，叫洪楢，字炎秋。是当代大（旧体）诗人洪弃生的儿子。他那时在北大念书，父亲上次来北京时便已熟识。他听到了这个消息，便连忙写信给父亲，父亲接到信，把一切事情抛下，兼程赶到北京，与母亲、外祖母和几个亲密的男女同学商量，最后决定回台湾去结婚。为了表示尊礼，一行分两批人，到了台湾找到当时在台湾最受尊敬的绅士林献堂先生来证婚。但是没有用，四叔还是不同意，说他们是私奔，而且登报正式与罗心乡（文淑）解除叔侄关系。不过，"张大哥"和"大姐"就成了他们那一代兄弟姐妹间的英雄人物。

从这件事情可以想见洪楢是父亲最好的朋友，后来他父亲去世，洪老太太被接去北京，和我们住在一条胡同。他们在2号，靠着宣武门内大街；我们在丙25号，离南河沿比较近。洪老太太的小脚是大有名的。鹿港显然比北京管女人管得好。她的两只三寸金莲及绣花小鞋是邻居每天争看的对象和聊天的主题。洪先生的太太是东北人，姓关，是母亲在女师大的同学。还有两个人与张、洪构成北京有名的台湾四剑客,就是连震东和苏芗雨。台湾人有给日本人做官的,如谢华辉做河北的一个道尹,谢介石做驻"满洲国"大使;也有台湾人反日本的,比如张深切被日本宪兵抓过一次,还有吴某人被日本人关了很久险被枪毙。父亲和他们全都来往,来了就喝酒,他说从喝酒可看出一个人的全部性格。可惜我没有上过他这门课,但是他的意思我也能够了解。

给我们家影响最大的同乡,无疑要数徐木生了。在我上小学搬家到手帕胡同前后,一个日本早稻田大学的留学生搬到我们家里来住,这人就是徐木生。二十五六岁的年纪,圆圆的脸,一身笔挺的日本大学生黑制服。徐木生说话声音很大,充满自信,见了我和我哥哥便叫,少爷!少爷!他是一个马克思主义者,无事的时候便向我和我哥哥宣传马列主义。我哥哥确由一个"少年"转变成为一个马列主义的革命者,大致是受了徐木生的影响。1945年,哥哥出走,进入河北平山晋察冀边区,同时也走入了人生另一条大道。在80年代,我们重会以后,有一次我问哥哥:"什么让你下决心加入共产党的?"他的回答是我绝对没有想到的:"我加入共产党的第一个目的是,好让徐木生不再叫我少爷!!"

北京的生活

现在的北京是个直辖市,从它的东端要走到西端,或是从北端走到南端,第一是不知这些个"端"在哪儿,第二是不知要走几天。在三四十年代的时候,情形全然不同。你要是从西到东,如在内城,从阜成门走到朝阳门,大概以我在 15 岁

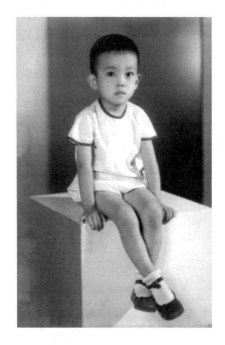

1933 年,作者 3 岁时摄于北京

1938年全家摄于北海公园

时的速度，需要一两个钟头左右。北京人多半住在城里，在我小的时候，我一天的生活都被一个巨大的建筑物所支配，那就是北京的城墙。上学去要考虑通过哪个或不通过哪个城门。我和哥哥最为运气了，我们的小学就在我们的胡同里，走几步便到了。上中学的时候，我需要走15到25分钟左右，但是可以再多花10分钟的样子走到城墙上面去，把一路的景色都从上面看下去。

虽然在北京只上了几个月的中学，但那一段生活可以说是过得最好的。早上上城墙以前，先吃早饭，有烧饼、麻花、面茶、炸大饼、切糕、灌肠、炸糕等等。烧饼是一边沾有芝麻，中间分层，有芝麻酱，5厘米直径大小的圆饼，通常是夹麻花[1]吃。麻花是用四条发面炸的圈子，如果是两条直的是

---

[1] 应是炸焦圈。——编者

北京的生活　9

40年代初期,外婆、母亲、作者和弟弟光诚于手帕胡同故居北屋门口

油条。面茶是用黄黏米面做成糨糊一样,以一根筷子将芝麻酱和花椒盐拨撒,覆盖在表面上形成薄薄的一层。炸饼子是将一大张发面饼上面抹了红糖,在深油里炸熟,捞上来,马上就吃。切糕就是把黄米面粉、红糖、枣、红豆、核桃、花生和其他成分蒸成一张一尺厚的大糕,然后用热毛巾盖上保温,买的人要买多少就切,然后用秤来称,以斤两计价。炸糕是这里面我认为最好吃的,用黄黏米面做皮,包枣泥或豆沙、瓜子,下锅炸,然后拿出来蘸着糖吃。饽饽有牛杂饽饽和羊杂饽饽,用牛骨或羊骨煮胃、肝等杂碎,把饽饽摆成一圈放在锅子边缘上面。灌肠,我不知道是什么做的,大概是面粉,切成红颜色的圆片状,和大蒜一起放在平锅里炒,炒到蒜味钻鼻得香,炒出来是红的。这些食品和豆浆一起喝。最重要的是便宜,对一个中学生来说花几个大子儿就能吃得大饱,有力气可以走上城墙去上学。至

于北京最为有名的豆汁儿，又酸又苦，我是不敢领教的。

过年时有更好玩的地方，那就是厂甸儿了。从腊月初起，各种小贩——卖旧书、字画、古玩、旧家具的；吃的水果、干果、山楂、糖葫芦，应有尽有，而且便宜。我曾经在一个摊子上，用一块大洋买到一张宋拓的王羲之《大唐圣教序》（中间一点断文都没有）。卖它的人还犹豫半天，不知道这个12岁的小孩子知道不知道它的价值。最后他决定卖给我，说，"小孩儿，你买了一个很有价值的拓片，希望你好好管着"。果然如他所惧，那张拓片早已不见了！厂甸儿就在和平门外，南新华街的两边，再加上琉璃厂的两头，北京师范大学第一附小与男附中正好在这一块地方。

就是这样，我在城里面的活动，是由城墙和城门所规范的。城墙外面都是田地，种麦子、玉蜀黍和大豆。还有就是八路了，出西便门，就看见昨晚被八路挖出来的火车轨道，还有许多人在那里修复。我最喜欢的事情就是在秋田里抓蟋蟀，最大的我抓过一个是一分五厘，拿到宣武门外斗蟋蟀的地方，看看你抓的蟋蟀能不能打过别人抓的蟋蟀。我有过一个纪录，大概抓了有50个以上蟋蟀，但是没赢过。

上边说过，铁路给八路撬开的事。实际上，与日军和伪军敌对的行为很多，除了撬铁路以外，八路军还有埋地雷、打冷枪、毁路毁桥、挖地道等一连串的活动，使伪、日军忙得不可开交。地道我没有看见过，但是它的存在是毋庸置疑的。1943年以后，早上在西单和东安两个市场，在报摊上可以买到隔日的《解放报》、《晋察冀日报》，还有土纸本的《论新民主主义》、《论联合政府》，尤其是《红星照耀下的中国》……报摊上面红红绿绿的，有各种报纸、杂志。你如果认识这位老板，就什么都可以买。这些"当然"都是合法的。他弯下身去给你拿的,可能是任何报纸、杂志。这些"解放区"的书刊是用各种方法运进北京城里来的。

我在小学有一个同学是地下党员,她的专长是将城外的报纸送到城里来;夏天还不要紧,到了严冬,各处全被封锁,她惟一的通路是一条小河的边缘,沉在河底,慢慢地走一个小时的样子。她的名字叫管彤芬,她是文化汉奸管翼贤的女儿,师大第二附小我的同班同学。1984年,当我在阜外医院心脏科看望蒲以祥医师时,她突然问我:

"有一个小学同学知道你来,想要看看你。你看她不看?"

我很惊讶地回答:"当然看!我拒绝了谁?"

蒲医师说:"你还记得管彤芬吗?"

我回答:"当然记得!"一个短头发,小小的、美丽的脸,白净的皮肤,马上出现在眼前。

蒲说:"你看她,心里要有准备;她的病是风湿性心脏水肿,因为在解放前几年她每天在冷水里泡一两个小时,这个病治不好了,大概还有三五天,最多。"

我点点头,便随着医师向病房走去。

我万万没想到,我看见的这位老同学,会比我和蒲医师都要老三十岁的样子。看见我们,慢慢坐起来,伸出一只手来与我相握,说:"快五十年了,还认识我吗?"我不能说谎,就说:"在街上看见,我是认不出来的。"然后,在没有话说的情形之下,说了半小时多的话。起身告辞的时候,她说:"张光直,我父亲有他的原因的,你去想一想吧。"我看她一眼,大概有五秒钟之久,然后便离开了。

一星期之后,蒲以祥给我一个电传:管彤芬同志已于今晨上午零时逝世,享年52岁。

师大第二附小和男附中

当时北京的中学有男女校之不同。男校中一般认为最好的中学是附中,附中的全名是"国立北京师范大学附属男子中学"。和它相对照的,是女附中或称国立师范大学附属女子中学,另外有市立中学,亦分男女,其中男中最好的是四中。此外还有教会中学:男的是育英,女的是贝满。下面小学的系统亦与此相应。师大下面有附属第一小学与附属第二小学之别。第一附小叫男师附小,但也招女生;第二附小是女师附小,但也招男生。我家住在手帕胡同,在第二附小后门的斜对面,因为学校的前门开在东铁匠胡同,但是东铁匠胡同被日本人驻了军队,所以把学校的大门封住,改开后门。

我上师大第二附小是1937年9月19日。之所以日子记得那么清楚,是因为那天是学校的诞辰,每个学生第一天上课就学一个9月19日歌:

> 九月十九日,特别要注意,
> 我们受的教育,就从今日起,
> 祝我学校万万岁,也从今日始,
> 今日关系真非细,大家要注意。

1937年北京女师第二附小报名照

因为有了这个歌,所以校庆那天也就是开学的日子,进这学校以前还要考试,而且大致是十取一,因为有些学生从南城、东城和北城来考。我记得我考试的时候,考场摆了五张桌子,有五个人坐在后面,竟是口试!我的运气不错,考我的是一位尹老师,她就住在我隔壁,平时也认识,是位老小姐。她那天问的问题并不太难。一个星期以后发榜,我竟被录取了。

这学校之好,好在老师。老师多半是老小姐,她们把一生都贡献给教育,男老师也有;小学生们都很淘气,每一个男老师都有一个外号,这个外号多半是恰到好处,要拿出去竞奖都可以得第一名的,举几个例子:张麻花儿,附小主任脸上有扭转的皱纹,这个是第一名,你要看见那张主任,你就想不出别的外号来。下面是另外几个男教员:袁大头、刘斜眼儿、贾大姑娘、魏老板儿。

袁大头,是我们主任孙世庆,从侧面看,光头白发小胡

1943年高小毕业照。第一排右第七人为作者

子,很像是一元银元。刘斜眼儿,叫刘贵育,有个斜眼,后来到台湾去了。贾大姑娘是大个子,常穿蓝布大褂,脸色很红,教地理;叫大姑娘是因为他一说话就脸红,还有他的嘴唇特别红。魏老板儿是历史教员,一看他就想到算盘,所以叫老板儿。这些外号都是民间艺术,其合适处令人叫绝。

初小毕业了吗?这里有一个《送毕业歌》:

  一堂共砚,相聚等苔岑,断金攻玉,同志感情深。
  熏风里,几行桃李绿成荫;
  百花灿烂,锦绣前程,敬以颂诸君。

终于高小毕业,还有最后一个毕业歌:

  七年小成,九年大就,古人毕世励夸修;

1945年作者就读师大附中时照片

数载勤辛,今虽毕业,试观前路正悠悠;
中道易废,故步易封,难进易退,从学如行逆水舟;
切望吾曹,勉遵师训,慎勿因斯自画,负此好千秋!

学习这些歌是越小越熟悉,但是也和当时的学习环境有关;我们的校歌以及这些与学校有关的歌,因为环境的关系是我们很难忘记的;今天我们处在一个特殊的环境中,在这环境中我们还能记得这些歌吗?这是将来我们会知道的!

师大内部有一个保送制度:一般高小、初中成绩优秀可以保送,由每班挑出两个人来,可以不考直接升学。我从师大附小上师大附中,从附中初中上高中,都是保送的。让我赶快说明,我的成绩并不是那样好的,老师为什么选我,在我总是个谜。我还要再加一句,我也没有拍老师们的马屁,或做这类的活动。总而言之,我的一生没有要上哪个学校而不能上的问题,

1946年，作者着北京师大附中制服摄于手帕胡同自宅北屋前

我常常说，我是天下最幸运的人。

上了中学，就有通学问题，关于走城墙和吃小吃刚才已经详说。但是，我总觉得，走路，尤其是在冬天，实在是受不了。这使我想起数学老师李树菜的故事，附中的校友十个有九个恐怕都认识或是听说过李士博，李士博是我们的博物老师，在附中资历很深，他有好几个儿子，李树菜是最好的一个。全家都住在海淀。李家很穷，所以李树菜每星期六回家，星期日回校（不知道实际的距离，我只能说海淀在现在的北大，而附中在和平门外），回校时用一条毛巾包几个馒头，那些馒头供一个礼拜的伙食。这天，传来李树菜逝世的消息，那是一个

非常冷的严冬之夜，李树菜先生用毛巾包了十几个馒头，在风雪中挣扎回校，不知在哪里，他大概是精疲力竭，没有勇气再走下去了。第二天早上，他的尸体已被雪埋了起来，后来被找他的人挖了出来。这件事情，使社会上第一次知道中学教员的待遇，而李树菜是一个相当有名的数学家，所以在报纸上吵了一阵子，不久也就被人忘了。

从初中一年级开始，我就结识了一个很好的同学，叫做温景昆；他的父亲就是有名的在天津南开大学教书的温公颐教授。他因为腿疾，留了一年级。我们一见面便知道我们有事要合作。果然初中三年，我们一起办了一个壁报。到了高中，壁报的颜色越来越"赤化"。这就反映北京的政治环境也已经赤化了。

附小的校歌都记下来了，在这里不能忘记师大附中的校歌：

> 附中，正正堂堂本校风，
> 我们，莫忘了诚、爱、勤、勇。
> 你是个神，愿人生大同，
> 你是个海，涵真理无穷，
> 附中，太阳照着你笑容，我们努力读书和做工。

回 台

1946年12月，母亲决定携家回台。父亲在1945年已先回去找事。一年以后，母亲逐渐感觉不支，只好到台湾去。我本来舍不得离开师大附中，因为大家公认师大附中是北京最好的学校。但是那年9月，在先农坛体育场举行全市中小学比赛，比赛那天，我吃了一碗果子汁（用柿饼煮汤以后掺冰），三两天后就得了大概是伤寒的一种病；由一个姚大夫来医治，一直病了一个月，功课都拖下来了，所以决定我也要跟他们一起回台湾去。

母亲和我们三兄弟带了七十几个箱子，到天津坐民生航业公司的民众轮回台湾，9月上船到12月底才到。同船的人大部分是外省人，除了我们以外还有一家台湾人，是谢介石的儿子和他年轻漂亮的太太、三个儿子、一个奶妈。我们两家，还有几个单身旅客睡在船的餐厅里，统舱和其他的二等舱都塞得满满的。民众轮抛锚在海河的河口不动，直到12月才开船，据说是等一批货物。上路了以后，经过渤海、黄海、东海，一路不停地到了台湾，已经是12月底了。到达台湾的第一个印象是基隆码头，人人穿得那么干净，人人说台湾话，到处都是树。父亲和四个亲戚来接。四个亲戚是父亲的妹妹阿燕姑、他先生曾健成、父亲的堂姐阿梅姑，还有廖先生（后来知道廖先生是阿梅姑的男朋友),他们都上到甲板来帮忙搬行李,父亲第一句话就问我,"你哥哥来了没有?"

我回答说:"没有,他又走了。"

父亲再不说话,手里拿了一大把钱票,将岸上的脚夫招呼过来,把行李搬下去,放到卡车里面,然后分钱票。我母亲指着后面在船上工作的两个人,说他们沿路在照顾我们,父亲就把票子递过去给那两个人。我到台湾以后,见到好久不见的父亲,第一个印象就是他有那么多的票子,我从来没有见过那么多钱。

放完行李后卡车向前开,那时已是下午5点多,天已经快黑了。母亲和四个客人坐在一辆小轿车里,父亲带着我们三兄弟,和行李一起坐在卡车的后面。一路上我看到台湾的建筑有三种,一种是西洋式的,和北京的没什么分别;一种是红砖盖的农村的房子,和北京的完全不一样,屋顶两边翘起来,但天已经黑了,看不太清楚;最后一种是日本式的房子。我很希望我们住的房子是日本式的,因为日本式的房子有很多树,地上铺着石子,上面下雨打着树叶的声音,我觉得很有诗意。车子开了几个钟头以后到了板桥,果然开到一栋日本式的房子里去,是板桥初中的宿舍。一进屋,一个非常漂亮的十七八岁、身体很曲线的女孩迎了出来,是我们家的下女,叫阿惜。她见面说:"风吕桶准备好了,请你们去洗澡。"我们三个兄弟太累了,谁也没洗就睡了。

先在这里提一句,上面说同船回来的还有谢介石的儿子和他漂亮的媳妇。两三年以后,偶然在报上看见一条小新闻,说一个暗娼前一天晚上在淡水河和一个顾客一起划船的时候,翻船淹死了。那位暗娼就是与我们一起同坐民众轮回来的谢少奶奶。

阿惜有心在我们兄弟里找一个对象，可是我们都太小；我最大，也才15岁。我知道她有意向我示了几次意，但对我这个15岁的孩子来说，实在还太早一点。后来她将方向移往阿安，果然干柴烈火，没有几个月他俩就结婚了。生了一个女儿，是阴历大年初一生的，我父亲给她取名元春。阿安是阿梅姑的前夫吕姓所生，元春所以姓吕。她的父亲阿安，是"皇民化"的成功结果，从各方面看，都是日本人。但是台湾在1945年以后又变成中国的，使对阿安（和无数的台湾人）的设计完全失败。刚光复时，他们也尝试做中国人，但是当时从大陆上来的"模范人物"（role models）太次，使人不能尊敬，这批台湾人便无所适从。阿安借酒消愁，一天倒在水沟里死掉，才四十多岁。

40年代的板桥

　　40年代的板桥主要有两个部分，一个是由红砖的房子组成的几条大街和林家花园，还有一个是板桥北边的西式和日式建筑。前者构成一条南北向的大街和几条东西向的横街，其中一条走至林家花园；后者便是板桥初中、板桥酒厂和二者的宿舍。这组房子的外围，是一望无际的稻田；稻田中间有一条黑色的线，是纵贯南北的铁路，从板桥车站出发，穿过这个小镇，向北过淡水河到台北，向南穿过大嵙崁溪到树林。

　　大街上有好几家卖糕点糖果的铺子是我最常去的商店。沿街向南第二条街向左到底是一家电影院，常演中国大陆来的30年代的影片。明星是胡蝶、陈云裳、刘琼、金山这些人；也有好莱坞三四十年代的黑白片。在银幕左边有个用幻灯打的中文字幕，将对话一一翻译成中文，在幻灯片的银幕前面，有一个在夏天光着脊梁的青年男子，右手拿个芭蕉扇，一面扇扇，一面用闽南语向观众解释剧中的情节，并且将中文字的对白用闽南话念一遍。板桥的老太太们似乎是这些片子的主要观众。在这个电影院里面，我没有看过日本片，似乎是禁演的。

　　日本的影响在这个小镇里面也是非常深入和显著的。你到板桥首先看到的日本文化就是板桥站的站长，这个芝麻大的小官，对他自己的地位非常重视，他一年到头穿着一件笔挺的日式制服，腰间配着一把黄澄澄亮晶晶的剑。每次有列车进站，站长就戴上帽子，拿出雪白的一副手套，一边往手上戴，一边走向月台，站在他固定的地点，等待列车的到达。有时有快车不停，也可以看见在列车的 caboose（最后一节车务员专用的车厢）上笔直站着的列车长也是全副"武装"。在列车过站，两人错过的那一瞬间，两人同时立正敬礼。我们兄弟都笑他们将自己的那点小地位看得太严重了，可是父亲说，他们也把他们的责任看得同样严重，所以台湾列车很少有误点的现象。

日本最大的影响，我们觉得是语言上的。板桥虽是农村小镇，但我听到的所有中年和青年男人，没有一个不是彼此用日语交谈的。老年人和多半的女性说闽南话。国语在台湾人之间根本听不到，但这是指住在红砖房子里的主要居民来说的。在板桥初中和酒厂这一带便不同了，这里住着很多外省人，外省人不但不说闽南话，而且很少说国语。我在街上所碰到的外省同胞彼此交谈所用的语言，不是有非常重的地方口音，便是我听不懂的方言。本省人穿西装和日式制服，日式制服的领子是直上的，并且里面有塑胶圈，一般都是洗过多次但清洁笔挺。外省人则穿香港衫和中山装，一般是皱皱的、四个口袋塞得鼓鼓的。阿安告诉我他们的口袋叫中山袋，是装钱用的（他的说法的真正意义，我在不久以后便了解了）。

这两组同胞，即本省人和外省人之间，从我作为一个刚从外面来的板桥人的眼光来看，是有一定的距离的。在日常的接触上，彼此是客客气气的，但我常常有一种感觉，那是外省人把本省人看成日本人，而对他们有征服者的优越感。有一次我下学到台北车站搭公共汽车回板桥，我的前面有一位说福州话的青年，没有票坚持要上车，一个穿着制服的本省售票员坚持有票才可上车，僵局坚持了十几分钟之后，年轻人从屁股口袋里竟拔出一支手枪来,接着他就上了车坐到板桥,我也同车回家,到了板桥,这个青年和几个同伴一起走向板桥酒厂,显然是酒厂的雇员。后来我知道这酒厂厂长姓刘,是个福州人,雇员中本省、外省人都有,包括我的表哥、阿安的弟弟廖瀛洲(瀛洲自小给了廖先生,所以用廖姓)。

建国中学

我从北京到台北来,学历是不错的,因为师大附中在北京是一流的中学。可是我转到建中来上的是高一,而我在附中只上了几天的高中,那时建中又是台北最好的中学,所以我有点担心。不过父亲毫不犹豫地就带我去看陈文彬校长,陈校长问了我几个问题,多半是关于"你几岁啊?""你在哪里念的书啊?"这一类的问题。不几句话就把我带出来,与父亲说,"你们休息几天再上课吧!"于是,我就这样进了那时最难考的建中。

在此先停一下,谈谈台北的几个中学。男中方面有建国、成功、和平;女中有一女中、二女中,还有男师和女师。建国本来是男校,但是在我上学的时候,有四个女生,都是台大外省籍高等职员的女儿,即校长陆志鸿的女儿陆瑞娥,教务长戴运轨的两个女儿戴庆华、戴爱华,和傅启学总务长的女儿傅碧瑶。除此以外都是男生了。一女中是当时最好的女校,校长叫江学珠。

建中在我离开的那时候,高中有三个班,高一甲班是学数理的,高一乙班是学文法的,高一丙班是学生物的。但是我们在那儿的时候还没有这样分,结果整个高一级分两个班一起上课,一直上到二·二八事件;这事件我下面再详细报告。

高一进去以后,我马上发现我几乎被孤立,因为同学与同学之间的语言是日语。我们的级任老师是一位教英文的台湾人,叫

1948年，作者就读建国中学时所摄

蔡德馨。平常配副黑边眼镜，穿着半套日本军装。他讲课的时候用国语，但是跟学生交谈则日语与国语杂说，台语从来不说。他还导演了一出英语剧本的戏剧。

我们学生跟蔡老师的感情一直很好，在1995年我们建中那一班开同学会的那天，蔡老师已经八十多岁了，还来和我们一道吃饭，来的同学大都说日本话，但是他们与我有时用国语，有时用台湾话。那天我感触很深。这些同学自1950年以来，除了一个以外都没见过，五十年之后，我一个一个都还认得出来，但是每个人都得像迪士尼的卡通人物一样，要再加上五十年的皱纹。那天我能记得名字的有郭伯伟、杜逢荣、柯德馨、吴逸民……现在回想到五十年以前，就仿佛看见蔡老师在黑板上写英文。

我们对老师们都很恭敬。但是对一个教修身的魏姓女老师则有欠客气。我们给她在黑板后面埋伏了"定时炸弹"，就是将一段香卷在鞭炮火捻子上，香的长度决定爆炸的时间，香烧到火捻子的时候就把它引着了,鞭炮在黑板后面炸起来。老师绝对不可能想到这是定时的。爆炸以后,老师回过头来找谁丢的鞭炮,但是她当然找不到啦。修身是一门很无聊的课,学生们便用这种手段来打发日子。但是后来听说魏老师有心脏病,我们后悔已晚,好在没有出事。

二·二八事件

但是有一天,我们又以为是鞭炮的声音,结果证明是机枪的声音。

那是1947年,我到建国中学的第二学期,2月28日下午1点钟左右,我们在上历史课,忽然听到连续几声像是鞭炮的音响。教历史的黄老师马上说:"怎么有枪声?"注意地听下去,没有后文,也就没有注意,继续上完了课。那时我在下课后常常到学校对面的民众教育馆去看杂志报纸之类,这天也不例外。那天下午,陪我一起去图书馆看书的人,是韦俊涵和谢操;韦是江苏人,父亲是台北电力公司的高级职员(或是总经理一级的);谢是师院体育主任谢似颜的儿子,江苏人。那天我们照常看报、看杂志,照常4点半左右起身,走过有荷花的池子旁边,走出植物园的后门。在这一段路上,三个人悠悠闲闲地走,不知道外面的世界已经天翻地覆了。

当我们三人走出植物园的后门时,站在总督府中央最高建筑的废墟前面的三个二十岁左右的年轻人朝着我们走过来,还没有说一句话,拳头便像雨点一样落下来——落在韦俊涵的身上。我穿的是表哥阿安的日本军装,显然是个台湾人。谢操早已经足下加油,溜之大吉了;谁也没有看见他溜,所以速度是很快的。拳头集中在韦一个人身上,而韦穿的是一身深灰色中山装（标准的四个中山袋），所以即使是个傻瓜也想得到今天要倒霉的是外省人。很快地，韦就倒在地上了，头上滴下的血溅湿了水泥地。

我本能地进入打人的圈子去劝架，用手去拦，嘴里一边说："好啦，好啦。"

一个大眼睛的人看我一眼，说："你少废话，不然连你一起打。"

另一个戴着一顶圆沿帽的人正在用穿着皮鞋的脚在躺在地上的韦君的头上滚来滚去。他看看地上的韦君已经血流满面，有气无声了，便说道："Yoroshi, yoroshi。"一瞬间，三人就都不见了。

作者就读建国高中一年级时与同班同学合照于校门口。
前排左二为作者，后排中间为同学韦俊涵，右一为谢操

这时的台北我是非常不熟悉的。到哪里去？我的友伴血流满面，当然第一件事是到医院去，但是医院在哪里？我知道衡阳街在哪里，朝着衡阳街一直走下去应该没问题，可以找到一个医生或是护士。于是我把韦君慢慢地扶起来，搭在我的肩膀上，慢慢向衡阳街的方向走去。

韦君是一个大高个子，而我的五尺之躯给他压得几乎弯到地面。这时衡阳街上也看见几起打人的事件，我因为会说台语有恃无恐，便大说特说，向路人解释我的朋友是被三个暴徒打成这样的。这时我们已经走过半条街了。有一个年轻的小孩子跟着我，并用好奇的眼光看着我；同时有一位四十多岁的台籍妇女，穿短衣，很整齐，像是上班族的样子。她过来把韦君接过去，一面小声用国语跟我讲："跟我走，不要说话！"于是我们便向东一直走，大约15分钟以后看到了台大医院的入口。

我说："谢谢天，那里有个医院。"

她赶紧说："不要说话，不要说话。"等到我们走进门口，她才离开我们。（后来我想我的台语有北京味，她恐怕我话说多了人家会听出来，所以叫我不要说话。我如何谢谢她？）

这是台大医院门口，有许多外省人正在挨打中。台湾人在打外省人，打得不太厉害，只要"修理修理"，便说好了（yoroshi，yoroshi），一面把人推到医院里面，所以医院里面都是伤号。我估计在外科等着治疗的外省人差不多有十来个。我看差不多五六点钟，天已经发暗，不久，一位年轻医生——我相信是台湾人——给韦君抹了药，裹了绷带。

在这个时候，我实在没办法了，只好回到学校去。十五、二十分钟以后，我几乎跑到学校，看见校长梁惠溥不在，只有胡教务长，我就把事情原原本本地跟他说了一遍。没想到胡教务长跟我打起官腔来。

他说:"学生出了学校,就不是学校的责任。"

我说:"那是谁的责任?难道是我的责任吗?我只是跟他一起走路。"

胡教务长说:"作为走路的伴侣,你当然有道义上的责任。"

我没话说,只是急得满身大汗。这时有一个学生便带着一个年轻的台湾人走过来,说他是台电的,来找一个姓韦的。

胡老师问他:"姓韦,是不是韦俊涵?"

年轻人用国语说:"韦先生托我来接他儿子回去的。"

胡老师就跟我说:"吉人自有天相。"

我喜出望外,连忙说:"他就在台大医院!他挨了打。"就把我们三个人从植物园后门出来以后的情形跟他说了一遍。

他说:"对不起,我来晚了。"

我说:"不晚,不晚,正是时候,你要是不来,我都不知道该怎么办了。"说完就把他带到韦君那里去。

韦君还在那个同样的位置坐着,眼睛发直,绷带裹着脖子,看来有点好笑。

那个年轻人对他说:"你父亲让我来找你,你跟我走罢!"韦君就老老实实跟着他走了。

现在没有韦君,我没有负担,两肩顿感轻松。哪里去?板桥是去不成的了,还是到我阿燕姑母家里去罢。决定以后,就从后车站往圆环走,一直到他们家,按了门铃,被邀进去。两个表弟只有7岁和9岁,大表妹也只有11岁,当晚就在我姑母家安睡。从台大医院到我姑母家大约走了30分钟,一路枪声不绝,多是零星的枪声,也有偶然的自动枪声。

此后几天基本上留在家里不敢出门。躲在家里听无线电,一面是"二·二八事件处理委员会"的王添灯,为民众说话。

另一方面，常常是参谋长柯远芬，为政府辩护。三四天以后火车通行，我就回到板桥去了。那时我住在板桥初中的宿舍里，一起住的还有一个姑婆（我父亲的姑姑，嫁到土城，在我们家里住，因为父亲带了母亲和两个弟弟到台中去了）。另外还有阿惜这位"下女"。因为有阿惜的关系，表兄阿安也一天到晚在我们家闲晃。

　　回到板桥以后，大概有一个月的时间关在屋里，再出去的时候街上的情形就完全不同了。车站有好几个兵在站岗。出入车站都要检查行李。父亲从台中回来看了我一次，就听他和阿梅姑谈台中的事情。好像是他和母亲、弟弟们住在台中师范学校校长洪楢家里。洪先生和庄垂胜先生似乎也被牵连到二·二八事件里面去了。

　　但，现在，一切都过去了。

建国中学（又一章）

二·二八事件以后，建国中学的气氛与以前很不一样。外省人虽然不怕再挨打，但是以前的一股骄气现在都看不见了。外省籍老师尤其有很大的变化。很多新老师刚从大陆到这里来，有一个国文老师在我以后的生命中扮演了没想到的角色。

有一天下午，大家在操场里练踢球，从远远的一边摇摇晃晃走过来一个中年男子，身穿中国式小裤褂，球朝他滚过去，他就向球跑过去，脚向前方一伸，好像要踢的样子，而球从他脚底下滚过去，右脚一只鞋就飞得老高。大家也没笑，就去找球。这位先生不好意思，自己过去把鞋捡起来，一边穿一边自己叨叨地说："好汉不提当年勇！"

有人认识这位先生，他叫罗刚，笔名罗铁鹰，是我们新来的高中国文老师。他后来在课堂上跟我们解释，他以前在念西南联大的时候，是把二门的。可是有五六年没踢了，所以才给我们看笑话了。他是云南人，未婚（至少太太不在身边），住在操场对面一栋失修房子的一端。本来是走廊的一端，用几块木板隔成一个房间。再一块木板沿着墙摆便是床了。一个炭炉放在门外做饭，一个卫生间沿着操场在前面走廊的一端。这就是一个单身中学教员的宿舍了（罗老师的对面，走廊的另一端，完全与罗老师的屋子对称，住着一位教地质矿物的陈老师，

1948年参加建中《反间谍》演出的剧照。后排右二为作者

他在那间单身宿舍里面住了几个月以后,娶了一个新娘子)。

罗老师来了以后,生活大不一样。第一,我、翁廷枢、林家鸿、曾××(名字忘了)四个人合编的一本油印的《五十年代》,被罗老师大为夸奖,说这个杂志的"方向"很是"正确"。那时台北的《新生报》有个副刊叫《桥》,我在上面居然也发表了几篇文章;有的是罗老师来以前投的稿,有的是罗老师改过的。我最初投的一篇《老兵的佛像》(见本书附录一),是《桥》的老编辑留下来,新编辑史习枚(史在报纸上用的是笔名,叫歌雷)决定发表的。后来又发表了几篇小品文,其中有一两篇(如《伐檀》,见本书附录二)是罗老师所讲的课给我的灵感。

从《伐檀》可以看出罗老师讲国文课是与众不同的。他讲《伐檀》，注重的是西周地主如何剥削手底下的长工，他用的课本是指定的，但是他所选的诗或文章总有统治者与被剥削者之分。《伐檀》是如此，唐诗里的《长恨歌》被剥削者就是杨贵妃。除了课本以外，他还给我们看许多翻译的文学作品，如《钢铁是怎样炼成的》、《静静的顿河》，还有《红星照耀下的中国》，后者严格说来已经不是文学作品了，但是可以说是报告文学。

我们常常下午下课以后，一起集中在罗老师的屋子谈文学。有时候还有他的朋友加入我们中间，现在记得名字的有一个雷石榆，他是个剧作家，雷太太叫蔡瑞月，是舞蹈家。罗老师个子不高，有点小胡子，抽个云南水烟袋，看起来不大相称，但是说起话来滔滔不绝。

我们也用《新生报》的《桥》来做发表的媒介，比如罗老师就用一个笔名发表了一篇文章，将中国新文学在台湾应该采取的形式详细地写出来。不久他就受到攻击，说台湾文学在当时的台湾应该有若干特殊的形式，而不能只作为中国文学的分支。我也加入了这个辩论，用"何无感"的笔名写了一篇文章来为罗老师辩护，攻击笔名叫"陈百感"的作者所写的一篇文章。

在这期间，我们排演了两出话剧，一是《反间谍》，另一是《钦差大臣》，这两出戏很幸运地都得到崔小萍女士的导演。我在《反间谍》里面饰演一个日本兵。在《钦差大臣》里扮县长。两出戏演出后，在报纸上竟得好评。崔小萍在给我们导演的时候，正好她的母校中央戏剧学院也在台北，我们的布景、化装和道具，都因崔导演的关系，得到职业性的支持。

《五十年代》也是完全由罗老师做顾问。去他屋子里的学

同前,《钦差大臣》演出剧照。中立者为作者

生逐渐集中到我、翁廷枢、裘怪臧,还有曾××。曾××是曾今可的儿子,他与我们这批显然是左倾的人来往,他的父亲很不舒服,曾经警告他多少次,但是曾××不予理会。可是高二的一个姓葛的学生却对《五十年代》加以注意。

有一次在壁报上面我们有人叫他"葛驼背",这是他的外号,叫他的人也没有什么恶意,可是他就把我们这一批办《五十年代》和壁报的几个人的名字,以我为首,交到训导处,说是有"共匪"嫌疑。那时的训导主任是孙嘉时,很喜欢我,曾经把我的名字推荐上去,作为每年一次的奖学金的得奖人。这次他拿到名单,也例行公事地交给了保安单位,于是

建中高一同学于植物园合照。前排左二蹲者为作者，
前左一为裘怿臧；后排左一为韦俊涵，左四为翁廷枢

我的名字就入了邮政检查的黑名单。

1948年的秋天，有一天罗老师上课的时候，忽然慌慌张张地跟我和翁廷枢等人说，让我们下课以后到他屋里去。去了以后一看，他已把行李收拾好了，像是要远行的样子。我们问他这是怎么回事，他说他要马上回上海，今天晚上12点一班船要从基隆开驶。大家无言，心里都知道他大概有了危险。就决定一起送他去。

裘怿臧大发脾气，说："你们这些人空口喊革命，等到机会来了，却让它走开。我跟老师一起走！"这话使每个人都非常震惊，一天有两件震惊的事也就够了，所以没人说话。晚饭

建国中学（又一章）

建中高二同班同学合照。前排右四为作者

以后,我、翁廷枢、林嘉鸿就帮着罗老师和裘怿臧提着他们的行李走向车站。然后我们一起从台北坐火车到基隆,送他们两个人上了统舱。然后三个人便坐公共汽车回台北,这是我们最后一次看到罗老师和裘怿臧。[1]

---

[1] 罗老师回去以后,先在江苏解放区工作,后来转到上海。1950年底调回昆明,在云南文联工作。1958年春被错划为右派,开除所有公职,回到故乡做农民。终于在1979年3月恢复名誉,1980年9月起在昆明师范学院教书,但是他在精神和体力上都已经不能胜任工作了,很短的时间就被校方解除了教书的职务。1985年8月29日在昆明逝世。裘怿臧下落不明。

四六事件

1949年4月6日，国民党的情治机关精心策划的消灭台湾学生运动的计划开始实行。

这段时间，我家住在台北市延平区甘谷街，台湾省茶叶商业同业公会的后院。前面是公会办公室，二楼是较高级职员的办公室，后院有三间平房就给我家住。那时的我家有父亲、母亲、我和两个弟弟。我18岁，在建国中学上高三，三弟光诚12岁，在国语实小六年级，四弟光朴才7岁，刚上小学。

那天早上，大概是5点钟光景，全家正在酣睡，起来做早饭的父亲将我推醒，跟我说："光直，外面有几个人要来看你。"

我睡眼惺忪地起来，却看到五六个穿着军装和警察制服的大汉。为首的一个穿着一件美军夹克，一边问我："你是张光直吗？"一边用右手从口袋里拿出一个身份证，给我看了一眼，然后把身份证放到口袋里，说："我是赵××。"名字根本没听清楚。然后他跟他带来的人说里面看看有什么东西，一边问我："你把姓温的写的信都拿来。"我将温字听成翁字，以为他说的是翁廷枢，就说他住在本市，我没有他的信。他也没有注意我这句话，而且随时看表，好像很忙的样子，就说把你所有北平的信都拿出来，我才知道他要的是温景昆的信。

温景昆是我在北京师大附中最好的一个朋友，与我经常保

1947年12月6日，就读建国中学二年级时的作者与父亲摄于台北苏芗雨先生家门前

持联系，最近还寄给我一本小册子，叫做《方生未死之间》，是乔华（即乔冠华）作的。温景昆让我看完以后交给申德建，申在台大一年级念工学院。于是，我就在卧室壁橱的上面，平常放枕头和棉被这一类东西的地方，随便伸手拿出几封信来交给姓赵的。他看了上面的回信地址果然有温景昆三个字，表示满意，就问还有没有。我伸手在上面又掏了两下，又拿出来一封，就说这是最后一封。他就说，好了，转身问他的手下："找到什么书没有？"

那个时候，我因为在北平受到我哥哥和温景昆的影响，在台北受到罗老师的影响，思想显然有些左倾。所买的书有艾思奇和葛名中的哲学书、华岗的《社会史》、翦伯赞的《中国通史》、毛泽东的《新民主主义论》等等，约有五六十本都放在我们卧室中及两个书桌上面和抽屉里面。在赵跟我说话的时候,他的部下五六个人就在书桌旁边站着看,等到赵跟我说:"你跟我们一块走吧!"然后问他们:"找到什么书没有?"没有人说话,也没有人动,只有一个穿着美军夹克很年轻的人,转身在我的书桌上拿起一本《三民主义》来说:"只有这本。"赵看了一下书的封面是三民主义,把书扔在桌上,只拿着温景昆的信,带头将我和他的五六个手下领着一起走出大门。

父亲跟着跑出来问赵说:"赵先生,你要带他到哪儿去?"

赵说:"我们就带他去问几句话。"

这时母亲也起来了,在后面跟来也问他说:"要不要带什么衣服?"

赵先没有回答,后来小声说,"我们就问问他一些话,很快就会把他送来的。"我们这一群人上了一个中型吉普,就在已经光亮的天色下离开家里了。

一年以后,父亲才告诉我,我们车一走,他做的第一件事便是将所有我的左倾书籍拿出来,藏在前面茶商公会的办公室的抽屉里面。三四个月以后,一批特务又来家里查书,这次可是查得十分仔细,但毫无所获。假如第一次他们这样子查的话,他们告我的证据虽然还是一类的,但是在数量上会增加很多。所以我一直怀疑在那天早上来捉我的人,除了赵以外,可能包括对学生同情的人们在内,甚至有地下共产党员在内。那天早上,他们先到温州街二十巷一号苏芗雨先生家里去捉我,因为温景昆和我通信的期间,我多半住在苏家,所以等到他们发现错误而到茶商公会来的时候,时间已晚,匆匆忙忙把我带走,来不及收集许多证据了。

在吉普车里,申德建已在里面等我。车便向中山北路开去,不久便到第一分局的派出所。我和申德建同时被关进一个拘留所的笼子里,这笼子大概有5米宽、8米长,椭圆形,一个短头是墙,另外三面都是铁栏杆。在靠着墙的一角,有一个茅坑。我们到的时候,里面已经有了五六个人先我们而到。后来知道都是台大学生。有一个姓沈的,被派作牢长,指着笼子里面的两个地方,让我和申德建坐。听他们说,这天(4月6日)清晨夜未央时,台大和师大的学生被警备司令部逮捕。台大是按名单一个一个抓的。师大没有名单,所以整个宿舍的人全部被捉,共三百余人。在师大有些抵抗,流了点血。所以凡是台大的学生都相信学校(校长傅斯年)与警备司令部合作,供给他们名单和宿舍住址,而师大(校长谢东闵)未与合作,所以警备司令部不知道要捉的人住在哪里,便先一网打尽,然后再慢慢调查留人。我们在第一分局的初步审问很快地进行。当天下午,一个拿着长枪的兵,叫到我名字,蒙着我的眼,在后面将我推着慢慢走,拐了几个弯,就到一个屋子里,让我坐下来,这以后脸上的毛巾一直没拿下来,我对于在什么地方,是白天,还是晚上都不清楚。

但最初的一次讯问内容,我还记得很清楚。

问:"你叫什么名字?"

答:"张光直。"

问:"还叫什么名字?"

答:"没有别的名字。"

问:"是吗?再想想……"

答:"有时候在报纸副刊上和壁报上写文章,用笔名,但是没有几个。"

问:"那有几个呢?是什么呢?"

答:"张植、小生,别的想不起来了。"

问:"在北平什么时候加入共产党的?"

答:"我没有加入共产党。"

问:"什么时候在共产党受的训?"

答:"没有在共产党受过训。"

问:"姓温的是不是你的联络人?"

答:"我不懂你什么意思。"

问:"好,你不懂,我就替你说了,你在北平加入共产党,党里派温景昆做你和申德建的联络人,到台湾来以后,你就在建国中学里宣传共产主义,温景昆把共产党给你的指示传过来。"

答:"这些事情都没有,共产党要是有消息给我,难道他就写在信里面给我吗?他们还不知道信要经过检查的吗?"

问:"你还说你没受过训?你今年才18岁,到现在一点不慌张,对每一个问题都有答案。共产党不用航空把他的指示传给你用什么?难道他自己会飞过来?"

到此我已经无话可说了。他说我是共产党,我说我不是。我只好要求看有什么证据。这一说他声音就变得很生气,连说:"证据!证据!这还不是证据……"

说话的时候用手敲温景昆给我写的信,说,"我给你念几句:'黑暗就要过去,光明就要到来,不久北京就会解放。'还有,'北京解放以后,我们通信恐怕会慢下来,但是我们都要有信心,有一天在不久的将来,我们将在解放了的台湾碰面'。好了,这还不够!"

我说:"这只是他的希望,有什么是给我的指示呢?"

问官说:"你还狡辩!"

就这样来来去去,三四个小时,我知道这个案子是牵涉温景昆和申德建,没有一点点牵涉到罗老师、裴怪臧,还有我哥哥(我的大哥在1945年进入晋察冀解放区参加革命),还不

四六事件 43

严重。重要的是我自己不要把他们带到那几条线索上去。

讯问完了，回到笼子里面去，里面人数已经减少，只有两三个人，姓沈的和申德建都不在。当晚，就坐大卡车离开第一分局，到一个只有用"人间地狱"才可以描写的地方去了。

第二天的报纸都在第一版上刊载前一天的所谓"四六事件"。在我的记忆中，台大被捕的有11人：王耀华、周自强、陈钱潮、卢秀如、黄金扬、许冀汤、许华江、申德建、孙志煜（达人）、蓝世豪、陈琴；师大3人：宋承志、庄辉彰、赵制阳；建国中学1人：张光真（我的名字被误植为"真"，一直没有改正，所以许多人看了报还不知道我被捕之事）；成功中学1人：丘宏仁；新闻界2人：史习枚（新生报）、董佩瑛（中华日报）；职业不明者一人：王恽，共19个人。也许还有，但这四十多年存在我记忆里面的只有这19个人（在完稿与校对之间又想起来两个：缪林生、鲍世绪）。本文称这19人为四六事件的受害者。

这19人都同时在警备司令部的情报处（原日本时代的西本愿寺的地窖）初步受讯，然后同时关进台北监狱，在一起居住了好几个月，然后这19人被分开，我能够说出十几个人后来的命运，但是还有几个人的命运不为我所知。拿我自己做例子，我从台北监狱与三个难友（孙达人、史习枚、丘宏仁）一起被调出去到地方法院接受审判，法官很严肃地说："你们四个人，我们调查的结果，知道你们都不是共产党。但是你们的思想都有问题，所以现在还不能放你们出去，你们还要经过一段培训时间，这段时间的长短，要看你们的行为来决定。"于是我又回到西本愿寺，关了三四个月，交了很多新的朋友，再也没有在狱中看见过那另外三个人。然后我又与一伙新朋友被送到内湖，与金门古宁头一役俘虏的共军为伍，下一步是绿岛。但在送绿岛以前我就被释放了。所以我这一年的时间是与两伙人相处最久,一个在台北监狱,一个在西本愿寺,但感情上我是与第一伙人比较认同的。

这第一伙人主要是大学生,台大的学生多是"麦浪歌咏队"的队员。"麦浪歌咏队"是40年代后期台大的许多社团之一,但是是最受欢迎的一个,常常到外面去表演,颇有名声。他们所唱的歌包括四五十年代流行的一些左倾的歌,如:《向太阳》、《跌倒算什么》、《毛泽东之歌》(后改成《学生之歌》)、《黄河大合唱》、《康定情歌》等等。很多有名的"歌星"加入麦浪是因为喜欢音乐,不见得有什么政治的想法,例如台纯贻和戴祝畲,但是有的人,如陈钱潮(陈胖子)我想是和共产党多少有关系的。有一次我问他"麦浪"这名字是怎么来的,他说你要是在北方看见过麦田快收成的时候,一波一波的浪被风吹起来,你就会欣赏这个名字。我说清代的郑板桥有一首词,第一句是:"麦浪翻风又早是。"胖子大喜说:"我们的名字原来有典故了。"

4月6日那天,我们从中山区第一分局被放入卡车以后,眼睛就被蒙上,所以车开到什么地方去我并不知道,只知道开到不远就停下来,一个一个被人扶着走进一间屋子里面,现在知道这就是警备司令部关政治犯的情报处。政治犯被抓以后,这里通常是第一站,在这里主要是讯问,讯问的时候常常用刑,我知道的有几种:

(1) 疲劳轰炸:连续讯问十几个小时,问到你眼睛看到幻象,然后送你回去睡觉,睡了一个小时以后,又叫你起来,接着讯问。这样到最后你自己说什么话自己都不知道了。

(2) 灌辣椒水:让你躺在床上或椅子上,头伸出去,再向下,鼻孔朝上,然后拿辣椒水往脸上浇,很多水就灌入鼻孔。

（3）坐老虎凳：人坐着，将腿平放在长凳上，拿绳子把大腿膝盖紧绑在凳子上，把脚板提高，底下垫上砖头，从半块、一块，到两块、三块，听说最多是四块。

（4）将两手反绑，吊挂到屋檐上，拿着皮鞭抽打。

（5）打电话：军用电话线一边连在手摇充电器上，一边连在男人的阴茎上或妇女的乳头上，然后摇动充电。

此外，还有比较少用的花样，但是上面这几种最为常见，尤其是（1）至（4），但是我要声明，这都是听来的，我自己没有受过刑。四六事件的受害者，至少到我们分开以前，也没有哪一个跟我说他们受过刑。如傅斯年与警方给学生说了话，恐怕就在这个地方帮了我们一个大忙。

到了情报处以后，每个人都被手铐铐在前面，手巾蒙着眼睛。时间过得很慢，也无法估计日夜。只有大小便时才解开毛巾，看到我们是在一间长方形无窗的屋子里，有榻榻米十张，做2×5的排列。在开门的一端，有两个榻榻米长、约1.5米宽的地面，右边是上锁的门，左边有个大桶，是盛犯人屎尿用的。十个榻榻米上躺着二十多人，24小时蒙着眼睛躺在地上，由两三名执枪的士兵看着，一动也不许动。大小便前要举手，有个兵看见来扶你起来才能去，憋不住便尿在裤子里。就这样不知躺了多少天，每天只能躺着不准说话，大小便、吃饭（一天每个人只吃一个馒头，因为他们尽量让我们少打开毛巾），一个个扶出去讯问，然后再扶回来。终于有一天，可能是一个星期，也可能是一个月，全体人都被叫起来，一个人被一个兵扶着，一起上到敞篷卡车后面，开始行进。走了好一会儿，到一个又旧又矮又破的墙前面停下来，大家被扶进去打开毛巾，这是被捕以后第一次把毛巾整个打开。所看见的地方原来是台北监狱。

监狱生活

台北监狱是一个很旧、很老式的地方。房子是一排排的长方形牢房,隔成许多小间。每间牢房不到2米宽,不到3米长,三个人住。我的房间的住客是王耀华、蓝世豪和我。我们三个人在屋里的排列也是如此:王靠着门、蓝在中间,而我呢?因为年纪最小,荣获第三席,在茅坑的旁边。每人的空间,可以够他躺下,向左或右各翻半个身。房门外锁,大概有两英寸厚,中间有一个小窗户,一尺见方,是看守和犯人交往的惟一通道。规则是不准吸烟,但是看守每天拿烟来卖,我从此染上吸烟的习惯。看守送饭,每天三顿,早上稀饭,中午和晚上白饭,不管你饭量多大,每个人吃一盘白饭,里面有一点青菜,饭里夹有不少砂子,吃的时候要非常小心。有钱的话,可以向看守买任何好吃的东西。事实上,有钱的话,什么都可以买。在拘留的后期,听说有人(不是四六事件受难者)叫了妓女进来。

这间屋子实在太小,三个人每天早上6点就被看守的敲锅声音吵醒。惟一的光线来自门对面墙上的一个小窗户。窗户做得很小,显然是因为怕犯人钻窗户跑掉。天花板上一个灯,24小时开着。每天我们出去到旁边的一个很小的院子散步10分钟,早上一次约9点,下午一次约3点。散步的时候,不是同屋的朋友们可以交换些消息，有时还可以看见不是属于我们这伙的人也出来散步。有一次散步的时候看见杨逵先生，其他的犯人都不认识。

他们把我们关在这里，不知是为了什么，偶尔提出去讯问一下，但是好像是应付什么，也没什么好问的。因为生活实在无聊，我没事就在屋子里看墙，有一次竟然看见一行字，刻在离地面约一尺高的地方，这几个字是"杀许教授万车受苦"。我将这几个字指给两个室友看，他们也不懂。那年初，许寿裳教授给人在半夜用斧头劈死，后来抓了一个人说是凶手，叫高万车。这行字可能是他写的，但是他是什么意思呢？很多人猜疑许教授的死是政治暗杀，而高万车是无辜的。这行字的解释是支持这个怀疑呢，还是支持他有罪，只好请读者判断。

生活中最有乐趣的事，莫过于学歌了，"麦浪"的人（在我们里面主要是陈钱潮、王耀华、蓝世豪、黄金扬和孙达人）教我许多歌。大家最喜欢唱的是《学生之歌》：

密云笼罩着海洋，
海燕呼唤暴风雨，
你是最勇敢的一个，
不管黑暗无边、夜雾茫茫。
……在南方，在北方，从中原，到边疆，
你响亮的声音，鼓励着斗争中的人民，
温暖着受难者的心。
你是光明的象征，你是胜利的旗帜，
你是光明的象征、胜利的旗帜！
勇敢的中国学生们，
我们光荣地生活在你的年代，

> 朝着你的方向,跟着你的火炬,
> 走向自由幸福的新世界。
> 勇敢的中国学生们,
> 我们光荣地生活在你的年代,
> 学着你的榜样,跟着你的火炬,
> 走向自由幸福的新世界。

还有,《唱出一个春天来》:

> 青年的朋友赶快来,
> 忘掉你的烦恼和不快,
> 千万个青年一条心,
> 唱出一个春天来。
>
> 西边的太阳下山了,
> 东边月亮爬上来,
> 从黑暗一直到天明,
> 快乐歌声唱不完。

还有,《向太阳》:

> 兄弟们,向太阳,向自由,
> 向着那光明的路,
> 你看那黑暗快消灭,
> 万丈光芒在前头。

再引一个,云南"一二·一"惨案后唱的《追悼歌》:

安息罢，死难的同学，
别再为祖国担忧；
你流的血照亮着路，
我们会继续前走。

你是民族的光荣，你为爱国而牺牲。
冬天有凄凉的风，却是春天的摇篮。

安息罢，死难的同学，
别再为祖国担忧；
现在是我们的责任，
去争取平等自由。

　　这些歌使我们能够度过无聊的日夜，但是我们这批年轻人的精力实在是太充沛了，大概在住进台北监狱一个月以后，我们就办了一个杂志，我还写了一篇文章，叫《为什么扭秧歌》。扭秧歌也是和"麦浪"这些人学的，但是为什么要扭秧歌，我居然写了一篇很长的文章，获得周自强的欣赏。周是台大学生中最成熟的一个，假如台大学生里有共产党的话，周得我的第一票。他一手拿着杂志，一手指手画脚，他说你这篇文章写得很好，问我在哪里念书的，当我告诉他我以前从来没有扭过秧歌，他大吃一惊，就把话题转走了。杂志出了一期，便停掉了，因为大家都觉得太危险。
　　我们还做过一次麻将，用家里送来的点心盒子和其他的硬纸板，剪得麻将牌的大小，几层粘成麻将牌的厚度，然后在地上磨平，画上和写上每张牌的花色和字号。因为大家都有时间，不到三天就做好了一副很好的麻将。我们打了不过两三天,有人——我记得是王耀华——提出抗议,说我们生活流于腐化,这大帽子一戴,大家没有话说,把辛辛苦苦做的一副很好的麻将送给了看守。至今我对这件事还是耿耿于怀,王耀华太不能 relax 了。

就这样,我们这一二十个人在牢狱里度过了三四个月,我现在把这些人一个个描写一下。

(1) 王耀华,台大外文系。他是学英文的,河南人,中等个子,做人很严肃。他有个女朋友叫陈诗礼,在"麦浪"里曾演王大娘,王演补缸匠。四六事件发生前,陈闻讯跑掉了。

(2) 蓝世豪,福州人,台大工学院。在学校里成绩大概不是顶好,但是做事很能干。

(3) 周自强,浙江人,台大工学院电机系。上面已说过在台大学生里面他是最成熟的一个。聪明绝顶,是个发号施令型的人物。

(4) 孙达人,台大外文系。大概是上海人,有上海人的气度。言行像文学家。

(5) 宋承志,师大学生。4月6日早晨被捕时,用刀片割腕企图自杀没成功,长得很英俊。

(6) 陈钱潮,大概是浙江人,常常说他名字来自钱塘江。体较胖,外号陈胖子。唱歌最多,笑得也最多,是个乐天派。台大电机系的学生。

(7) 卢秀如,台大法学院。大概是江浙人,是一个幕僚型的人物,常常与周自强、陈钱潮、王耀华等人细语。

(8) 黄金扬,福建人,台大工学院电机系。经常一边歪着头,一边用手去拨掉在额头上的头发。

(9) 许冀汤,只知道是台大的学生,不爱说话,我相信是功课很好的学生。

（10）许华江，江浙人，惟一有点秃头的，只知是台大的。

（11）申德建，北京人，是台大学生里最冤枉的。是工学院的，不大说话。

（12）陈琴，台大地质系。福建人，戴着银丝边眼镜，是书呆子类型。

（13）庄辉彰，除了我以外，是我们当中惟一的台湾人，个子高大，大胡子，性情明朗。

（14）赵制阳，大概是我们学生之中年纪最大的，外省人，不大说话。

（15）丘宏仁，年纪最轻，做事很慢，不像是共产党延揽的人才。他父亲丘汉平是福建省立法委员，大概是得罪人了，所以儿子被牵扯下狱。

（16）史习枚，江浙人，《新生报》副刊《桥》的主编，笔名歌雷，留着大胡子，但说话声音很细。

（17）董佩璜，《中华日报》记者，也是江浙人。

（18）王恽，不知道是何许人也，但教我们大家一首歌叫《感谢解放歌》，一定是去过北方解放区的。

这一二十人里面有一个恐怕是给情报处工作的。有，是绝无问题的。是哪一个，我大概知道，但是没有证据我不敢说。

回到情报处

在台北监狱过了几个月相当有意义的团体生活以后，有一天忽然听到叫我的名字，和另外三个人一起，被叫到台北地方法院，说要宣判了，而且叫我们把随身的东西带着，不再回来了。大家都说，没有问题，你们可以回家了，我们自己也很乐观。这时的心情是很复杂的。回家当然是每个人自第一天起就有的希望，但是离开其他的难友，离开这些共苦难的同志，也很难过。我们一个个隔着门握手告别以后，就在他们的歌声中——"……在南方，在北方，从中原，到边疆，你响亮的声音，鼓励着斗争中的人民，温暖着受难者的心……"——高高兴兴地出了监狱，上了卡车。

刚才已经说过，我们四个人到了法院才知道等待着我们的，不是温暖的家，而是那个最吓人的、去台北监狱以前住过几天的情报处。我们的失望是不必说了；孙达人听说还要一段时期的"学习"，而学习的地方是什么地方，几乎晕倒，连忙坐下。丘宏仁开始大骂。史习枚和我都目瞪口呆，因为希望太高，失望也是异常的。四个人在与法官说完话以后便分开了，我不知道他们，我自己被戴上手铐（一种金属做的两个圈子，只要有一张纸或一根木条，保证我可以10秒钟以内把它打开，但是我们并不声张，因为如果看守知道了，拿去换一种好的，岂不大伤感情),坐上汽车,车就往北门方向开去。这次没有蒙眼,却更让人担心。是不是不怕你知道在哪里,因为反正你也出不来了?

这个地方原来是日本人的一个神社,叫西本愿寺。东去不远,是东本愿寺。东本愿寺后来是台湾交响乐团的大本营,现在也已拆掉。西本愿寺则至少从1948年起便改建为情报处——情报处是俗名,和军法处分开。军法处也有政治犯,但是它的名誉要比情报处好得多:军法处比较守法,少用刑求,而且办的都是军人的案子。情报处则什么都有。

我到了情报处以后,被放入一个大房间,大致有3米宽、5米长,长方形,一个短边有个门,门内有一米左右宽的地面,靠墙放了一个大木桶,大小便用。前面地面上是一个台,上面铺着一层旧的榻榻米。这便是20个人睡觉的地方。两面是墙,与门对面是一面大窗,里面装了直立的铁栏杆。我被放在屋子最里面的一个角落里,后窗的下面。安顿下来以后,便四面看看我的周围。

屋里有20个人,我以前都没有见过。进去不久,有一个三角形头、上面的门齿上有个洞的人,便来打了个招呼,并且拿出一个小小的红色的台大学生证给我看,小声说,"他们没拿去"。上面写着他叫斗××,台大哲学系学生。睡在我斜对面的两个中年人,显然是台湾人,一个块头很大,上唇留些胡须,似乎是习于发号施令的人,姓杨。他右边躺着的一个,姓林。比杨年纪似乎大些,但个子小不少。他听说我也是台湾人,对我发生了很大的兴趣,问我家里的事情。我姑且说,他也姑且听。还有一个显然是高级知识分子,后来知道是台大的鲍世绪。鲍世绪肉皮白白的,说一口上海话,跟这里很不相称。

在这里，日常生活规律和监狱里很不一样。吃饭要"一少快，二慢多"（第一碗要少盛快吃，第二碗要多盛慢吃）。不然吃不饱，活该。家里有人送来好吃的东西，每人一份。这倒不是强迫的；但你有没有在20个饿人40只眼睛之下独自吃东西？每天散步两次，是买烟卷和与关在别室的熟人谈话的机会。在监狱里我们住了几个月也没有新人进，旧人出（除了宋承志从医院里回来）。但这里则"新人来，故人去"是常规而非例外。

先说说故人罢。这里是个"看守所"，所长姓石，是个少校。常常到牢房里来"察看"，然后逗留不走，跟犯人聊天。他的下面有个从"满洲国"训练出来的张医官，名字我不记得了，但是他那肥大的臀部，一走一摇的步法，现在还在眼前。

有一天，我决定也要参加别人开他的玩笑了，于是他上班时我便嚷："张医官、张医官！我有点儿便秘！"

"好，就给你开药。"

等了一会儿，听见前面那位斗先生与他小声谈话，听见有"拉稀"这个词，就大声嚷叫："治拉稀的来了，我今天大便有水。"

我想如果他同意我在一天之内能同时便秘又拉稀，这个玩笑便非同寻常。不料张医官今天有些异常，听出来这是来说他的笑话的，便把纸放下，说你们天天跟我捣乱，今天看我的。我听见这话，不禁暗暗叫苦。每天都是模范犯人，只有今天开了一个不关痛痒的小小玩笑，莫不是要把这条小命送掉不成？可是有什么办法？病从口入，对不对，我没有意见；但"祸从口出"，这可是无疑的了。果然，当晚我就被叫到石所长的办公室里去坐。他问我姓甚名谁，为何今天在此，我便照实招上，包括张医官的肥臀。说到张医官，我看石所长也忍住一笑——也许是我的想象。问了我至少一个半小时以后，所长什么话也没说，就叫副官把我送回牢室。

这时全屋的人都想我今天闯的这场祸至少是屁股挨一顿鞭子。我回来却像个无事人，都惊诧不已。两三天以后，我们医务室的男看护在我们屋里给一位难友换药时看见我，说："小孩儿，你真是有福气，要是前任所长，你的小屁股不烂才怪。以后说话还是小心些。你知道这里是什么地方？死个把人不算什么！"

虽然死个把人不算什么，但在这里面，医务室还是忙碌不堪，我们这间屋里除了伤风和咳嗽以外只有一个病号——一个梅毒患者。这位先生是我来了两个月以后才来的，他来了以后就广事宣传他的怎么样不传染到梅毒的办法。后来因为看护来换药，大家都知道这位先生有梅毒，就问他的方子为何不灵？他便说他起先不会，所以感染的。

大家都觉着说说妓女一类的事有点下流，其实在牢房里面这都是发泄性欲的方法。我们的屋里有一位赵先生，是山东流亡学生的老师。他常常在说他们的流亡故事时，暗示他和女学生的性关系，以及他自己在这上面的本事。有个上海人，专讲上海妓女故事，人人听得津津有味。

在上面说到山东流亡学生，我们门前的走廊向右边走，左右两边都是牢房，里面住的以山东流亡学生为主。他们给我的印象是瘦骨嶙峋的重病者，一个个要挣扎起来的样子。他们的故事，其中有若干亚故事，像是还珠楼主的故事一样，一条线索是说不完的。我希望有比我知道的多得多的人来写。因为他们是长期的邻居，我回到情报处的时候他们就在这里，等到我离开时，他们还在这里。所以提了他们一下。

也是在这里,我亲眼看到了一个"疲劳轰炸"的例子。一天有一个十七八岁的台湾青年,在下午被送到我们这间屋子里来。特别待遇:不给饭吃,不给水喝。第二天下午7点左右,这个年轻人被四个兵士带走。我们都假定是去被讯问。可是到今天早上还没有回来,我们都开始着急起来。到了下午3点的样子,四个大兵把这个小伙子提——只能用"提"字来形容——回来,往铺上一扔,他还有力气坐起来,用台语对我们大家报告他被审讯的经过。从他被叫去,即昨晚7时左右,到今天午饭时间,没有吃、喝一点东西,也没有停止问话。他的言语已经有些前言不接后语了,他还说他在审讯他的屋子里看到他的父母和两个妹妹。姓杨的台湾人是个医生,跟我们能说台语的说这个青年已经开始 hallucinate,即神经错乱。大家都劝他去睡觉。青年不必多劝,倒头便打起呼来。可是他这场梦只能是场短梦;下午6时整,他睡了大约一个小时以后,那四个兵又回来把青年拉起来,戴上手铐,半拖半拉走出去了。这是我们最后看见这个青年人,没有人再见过他。

这里来往的客人,多半是单个的。只有一次来了一群,大概有十来个,都穿着军服。来了以后,因为没有房间,把他们就都放在走廊的墙根;有五六个坐在我们的门前,其他的便坐在走廊的两边,正对着我们。这些人跟别的人可以说都不一样,一点害怕的样子也没有,倒好像在作团体旅行。

一个高大的汉子,光头,气概扬扬地,问我们:"你们犯了什么罪关到这里面来的?"

有人说:"政治犯!"

又有一个声音嚷出来:"匪嫌!"

这个大汉不懂什么是匪嫌,有人便给他解释:"这些人都有共产党的嫌疑。"这个解释引得这伙人大笑起来。

我们这边有人就问："你们是为什么关进来的?"

大个子大声说："我们都是共产党啊!"

原来这十来个人都是在金门打仗时被俘的解放军中下级军官,大个子是团政委,团长也被俘,但受了伤,一条腿裹在石膏里,单独有一个房间。其他是营、连长。他们里面还杂有两个共军的伙夫,成天问我们他们会不会被枪毙。我们安慰他们说,战俘是不会被枪毙的,心里却没有信心。

有一天,石所长走过,问这些俘虏们有何要求。他们说,惟一的要求是见一见他们的团长,因为被俘之后,他们还没有见过。所长说,好。不久,一个中等身材,右腿从腿根以下全给石膏裹住,在胳肢窝下夹着两根拐杖的人,慢慢地一步一步走过来,先和他的政委握了手,然后与其他的人一一握手。和其他人握手时,刘政委一一介绍。看来他们不是属于一个团的。他的政委认识这些人是被俘以后的事。然后,大家围在地上坐了一圈,刘团长(他也姓刘)先拿出来的是美国烟,他说是给他开刀的美国军医给他的。他对一圈人做了个姿势,没有人接下来,大概是舍不得把他们团长的好烟给抽完。话匣子一打开,就是被俘这一仗是怎么打输的。这就好像他们在战后开会检讨失败的教训似的,石所长也在旁边听得津津有味。

原来这场仗是输在天气预告上面了。他们有三个团,还剩一千多人,预计当晚在金门的古宁头海滩登陆的。天气预告说当晚7时是高潮时刻,然后逐渐下降到11点为低潮。我不知道是谁发的天气消息,也不知道各级的指挥官(或者跟着他们说叫指战员)对这样紧要的消息有没有"重复核对"(double-check)。从他们——也就是我们这两个倒楣的团级干部来说,当晚的攻击命令就等于送死的命令。部队给送到古宁头海滩上的时候,正是最低潮的时候,一千多人一个个上岸,一个个被坦克车上的重机枪击毙。我后来大学毕业,在预备军官训练班受训时,上的是装甲兵学校,深知坦克车上那50机枪的厉害。两架50机枪在海滩两端一交叉,那一大片海滩上面被月光照得清清楚楚的千把人,就这样牺牲了。刘团长、刘政委,现在在说话的营、连长,都是劫后余生的幸运者。但正像三国里说的,"慷慨牺牲易,从容就义难"。这一小群人的命运还不知怎么开展。照日内瓦的国际公法来说,战俘是不能虐待的,更不要说处死了。但医务室的看护说得好,这是什么地方?死个把人不算一回事。

我常常想到这一群人,不知他们在那天聚会以后不久就被叫到什么地方去了?后来又怎样了?有一点我知道:那一群人走了以后好几天,刘团长还出现在走廊上,架着拐杖上厕所。

内 湖

还有一个有关金门战俘的问题,不久便自己解答了。不知是12月还是1月,有一天看护一早就来道喜:"恭喜恭喜!你们都要出去了!"我们问他到哪里去,他便守口如瓶,一个屁也不放。走,走到哪儿去?看这个看护的口气,要离开这里是无疑的,但是到哪里去呢?回到台北监狱去,倒也不错。但是它装得下吗?还有一个不大可能的可能性:以前皇上要砍头的时候,刽子手对犯人不就是说:"今天是老爷大喜的日子,恭喜恭喜!"这个可能性不可排除。

果然在午饭后接到命令,把私人的东西收好,10分钟之内要出远门。"远门?""大喜?"值得忧虑。但是出门被叫到名字的只有一半的样子。这一半人出门,和我们离开台北监狱时,大不相同。不但没有唱歌,没有握手,连看一眼都没有,"义无反顾",出门就登车,走罢。开了车,虽然是在市里大街上开,但是方向是单的,好像是到圆山那个方向去。半个小时以后,车子转到一片林子里面去,再走一会,到了一个池塘,便停下来了。后来我们知道这是内湖。

池子的一边有一间像军营式的木头房子,进去看见两排双层的床,与墙壁垂直摆放,一共可以算出40张床来,这一间屋子便可以住80个人。这样住,比情报处的一间房子——大概只有这间房子的八分之一——要住20来人宽敞得多了（集体枪毙的学说早已给人家忘掉了）。外省来的人多半是不熟的，即使本地人要逃走也很费事。

隔着池子，有两间平房，建在一个用两个木头做的阙的一边。两个阙上面用一条木板连起来，上面应该是这个机关的名字了，但是字是朝外的，里面看不见，要不然我倒很想知道这关了我已经快要周年的"机关"叫什么名字。两间平房是办公的地方。在平房的附近，但离开政治犯的房子很远，隔着整个池子，又有好几间和我们住的房子完全一样的房子，里面住满了人，就是从金门战役中俘虏来的解放军！

在这里的生活完全与监狱或情报处不同，是军事化的。早上得早起，有早会，要听大官、小官讲演，而且要唱歌。什么歌呢？国歌、国旗歌、打倒共匪，还有一个新歌，叫《保卫大台湾》，歌词是这样的：

> 保卫大台湾，保卫大台湾，
> 保卫民族复兴的圣地，
> 保卫人民至上的乐园。
> 万众一心，全体动员；
> 节约增产，支援前线。
> 打倒苏联强盗，
> 消灭共匪汉奸！
> 我们已经无处后退，
> 只有勇敢向前！
> 我们已经无处后退，
> 只有勇敢向前！

这首歌大家都觉得不错。虽然共俘也喜欢唱——尤其是唱到"我们已经无处后退"的时候，这一句的声音特别大——但哀兵必胜，而且是实情。可是不久就又被禁唱了。为什么？据说并非为了无处后退，而是为了第一、二句。因为常常被唱成：

包围打台湾！包围打台湾！

台湾就怕被人包围，然后挨打。所以我在这一年里学的反共歌，一个都不能唱。

我们给送到这里来，目的是像那位法官说的，是来受训练的。我们这些知识分子要如何培养、训练，我因为在这里的时间太少，无缘领教。但是我曾经偷听过金门战俘的课。这是个一对一的 tutorial（个别指导）：

教（穿军装，二十出头，可能已在军校毕业）："你在这里与原来的部队有什么不同？"

俘（穿俘虏装，二十上下。剃光头，华北农村中的典型老实人的样子）："不一样！就像我走出走进营部的时候，还要给卫兵敬礼。看见了个官，又要敬礼。"

教："这是非常重要的'礼'。军队里没有礼就没有秩序。给卫兵敬礼是尊敬他的守卫的职务；给长官敬礼是尊敬他比我高的阶级。这是从三千年前孔子的时代就传下来的。"

俘："我们那边不敬礼，也照样有秩序。看谁轮到站岗，点一个头；我们没有阶级，照样也有发命令的，有把命令接过来照做的。"

像这样的课，我也想上。但是我在内湖的时间太短了。刚刚安顿得差不多了，我就该走了。

就在我们到达内湖一两个星期左右，一天早晨，我们正忙着打扫时，听见营长叫我的名字，跑过来气都喘不过来似的，一边说："恭喜，你要回家了。"这时候，果然门口进来一辆汽车，上面坐着的不是父亲还是谁？营长也极兴奋，我相信他真不要我在他的营房里。

我收拾了我的私有财产，将我身上惟一一件我知道大家都想要的——一副扑克牌——送给一个新来的东北人，就要和几个官握手道别。营长说："等一下，还有一件公事。"说着就从他的大皮包里，拿出一张油印手写的小纸条来。上面写的字，大意是：

> 我，某某人，发誓不将我被捕之后，在里面所见所闻人物事，不论大小，有所透露。如有违背，愿受枪决之处分。

他将小纸条给我和父亲都看了一遍以后，拿出一支原子笔来，给我写上大名，就叫我跟着父亲上路回家了。

回　家

在路上，父亲告诉我是怎样把我保出来的。很不幸的是，今天是祖母出殡的日子。在她老人家走以前，父亲的至交杨肇嘉先生到彭孟缉总司令那里磨了好几次，由父亲写了好几封信，希望还能在她走前见她这个爱孙一面。也许总司令被感动了，也许杨伯伯的磨工好，终于得到他的同意，令我父亲把我领回家去教管。

不知杨肇嘉为了我的事而付出了什么代价，他至少要向保安司令部定期报告我的言行。这里是我放出来几乎两年以后，1952年8月11日杨肇嘉先生向台湾省保安司令部新生训导处一个姚处长的报告：[1]

事由：据饬转知张光直即向住在地警察机关报到，并将其离队后之生活动态查告乙节复请赐查。

一、奉（41）安感创字第0812号公函敬悉。

二、查该张光直系肇嘉前向彭副司令陈述该青年尚堪造就，恳予酌情宽处乃荷特准开释，当时并未奉示须向住在地警察机关报到及报告离队后之生活动态等情，故迄未办该项手续，致感歉悚。

---

[1] 我要谢谢张炎宪先生在杨肇嘉先生的遗物中找到这条记录。

作者惟一的摄于坐牢期间的照片。就在祖母出殡那天，父亲把他从内湖看守所带到茶商公会，祖母在那里出殡（左起第三人为作者，向右依次为阿燕姑、母亲、父亲）

三、兹奉指示，除立即转知该张光直，径向住在地台北市警察局延平北路二段派出所办理报到外，并将其离队后之生活动态分陈如次：

1. 该张光直于一九五〇年三月十二日奉准离队后，即在其台北市延平区甘谷街廿四号家中复习功课，准备升学，旋于同年八月投考国立台湾大学文学院考古人类学系一年级，幸获录取，十月入学，每日由其家中走读，肄业至今，现第二学年功课读毕，暑假后即将晋入第三学年。

2. 该张光直在受训中深悟训诲真理，益使其坚定反共抗俄之信念，复激于政府爱惜青年之德意，故离队后即不敢随便与人交际，一味读书，冀能成为一忠实有为国民，图报国恩于万一，努力功课，故其在学二年间，品学均列优等，并受领教育部工读奖助金及省教育厅特种奖学金等，有案可稽。

　　四、以上复请赐察为荷。

报告人　杨肇嘉

住台北市牯岭街八号

绿岛邮局台字第七一五八号信箱

后　记

　　这里写下来的这些事在心里记忆了近五十年，没有在更早的时候写出来，是考虑到有关的人的隐私权问题。现在事过境迁，访旧半为鬼，再不写，恐怕这一小段历史就没有人记得了。所以把这几年的事情记下来发表。这些既然都是实事，人名也不用假的。希望当事人同意我现在把这些事情记下来。这些事情的大纲是不错的，但在细节上一定有很多小错，因为都是用脑子记下来的。希望读者不吝校正。

　　五十年前的这些人物，现在都到哪里去了？罗老师、翁廷枢、父亲、阿燕姑、曾健成姑父、阿梅姑、廖先生、阿安表哥、瀛洲表哥、阿惜、土城的姑婆、陈文彬校长、谢操、陈诚、傅斯年、苏芗雨、洪炎秋、丘宏仁、史习枚和杨肇嘉，都作了古人。

　　四六事件的受难者，后来来往很少，他们的下落，我多不知道。只知王耀华出狱后在美国与一个美国女子结婚。陈钱潮最后的消息是在大连，据说是在治疗癌症。孙达人要到1997年才看到，他说他在我出来以后不久也出来了，结婚以后，他的夫人一度做过台大法学院的院长，他自己则含光隐锐，过了多年的平安日子。

　　申德建后来也出来了，继续读完工学院，在台湾服务。他的哥哥后来在大陆有一次来找我，要我给他写一篇证明书，说申德建所以能够活着出狱而没有作为"先烈"死在狱中，是因为他原来就不是共产党，受我的牵连而入狱，绝非出卖同志或干了其他叛徒所做之事而出来的。我当然觉得这个要求相当奇怪；申德建有没有入共产党竟要我来证明。但是既然他要我写我就写。我于是写了一封信，说申德建之入狱，完全是温景昆害的！温景昆在他寄给我的信里，说要我把他（温）寄给我的一本书看完以后交给他（申）去看。就这一句话，害得申德建坐了至少一年的牢。他的哥哥收到我这封信以后，非常高兴，说是替他解了多年的一个冤枉结。

常常有人问我：这一年牢狱之灾对你有什么影响？我想，它影响了我一生做人的态度。在那个环境里，人的"好"与"坏"是很难判断的。"特务"一定是坏人啰。被抓去那天，那几个到我家来的特务，很显然有保护我的行为，不然我的罪状一定要大得多。石所长也不是坏人；假如我亲眼看到他使用刑求，而且以此为乐，我当然要说他的坏话，但是我实在不能想象他会参与刑求。

总之，我在当时坐了一年的牢，接触到各样的人，出来以后，对人之所以为人发生了很大的兴趣。我看到两伙人，或说两伙都包括着好人的人，代表两种不同的制度，在一个大时代，碰在一起，各为其主，各尽其力，彼此相互斗争。结果为何而死，他们自己也不知道。为什么人这样容易受骗？为什么肯这样出力地斗争？这使我非常好奇。我出来以后，没有继续念书，在家里自己读点书，以同等学力的资格考上了台大的考古人类学系。考这个系，基本的原因就是想知道上面所说的"人之所以为人"。有没有结论呢？那是50年代以后的事了。

附录一　老兵的佛像

是去年的秋天的夜晚，在一家酒店里。

"依拉诺依！"女主人喊着习惯的一句客套，一面把邻近的一张桌子收拾好。接着说："请坐！请坐！"然后问了一声就转到后面去了。

进来的是一位军人。陈旧的黄色军装套在他庞大的身躯上，他向这边望过来了；果然，两个掉了色的星，是中士；脸上纵横的皱纹，表示他大约早已达到了退役的年龄罢。黄而黑的面孔和纵横的皱纹，显示着他已久历风霜。

他的进来使我忽然生了亲密的感觉。而且那和善的面孔，也引不起谁的憎恶。我想在这老兵的经历中，不知蕴藏着多少动人的故事，所以趁着酒性，在他挟着刚端上来的酒菜的时候，就凑近和他搭讪起来。

"老总，您从哪里来？"

"哦，哦……"他似起了他乡遇故知之感，把和善的眼光投了过来。"哦，哦，我打外省来。"

"哪省？"

"哦？……"他茫然了一会，"哈哈，嘿，可教你问着了。唉，哪省都去过……"

"唔……"下面似乎再找不到话往下接了，我只呆呆地看着他的衣服；这次，我注意到他的手在不停地抚摸腰带上吊着的一尊铜的佛像。二三寸，光闪闪的，好像已被抚摸了很久，很久。

"咦，老总，那是什么？"我用手指着问。

"这个……"

"佛像？……"我看他的态度似乎对这尊佛像保存着若干秘密，好奇地试探着。

"嗐。"他一股脑儿把举起的酒一饮而尽。我看到他的手颤抖着，酒洒了一半。"这玩意儿的来由，在我想是再合乎人情也不过的。可是我几乎为它丧失了我的生命。这故事说给您听听也不要紧……"

我知道故事来了，连忙坐到他那一边去，一面招呼又叫了两盘菜。他也不推辞，把花生米剥着送向口中。

"'八·一三'那年我吃的粮，如今整整十年了。那时候，我正在山西的一个小县城里教书，就给拉进了军队。"他一口气又饮了两杯，把花生米向嘴中送着。

"年尾上，就在山西北边，跟日本儿开了一仗。白天，我们一班和队上失了联络，就在火线上闯来闯去。到末了，一班弟兄们就剩我跟一个二等兵，伙计们全完了。那时候，我俩心头烧着一把火，瞪着一双血红的眼，疯了一样乱窜；我们也不想回队了，就想抓住几个日本兵，一起拼死给弟兄们报仇。那时候，我想就是狼虎看见我们也得吓死……"

乱跑了两个来钟头吧！也是活该，就在一个破土墙后面，瞧见了四个日本兵，都受了伤睡着，只有一个醒着，坐在墙根发愣。我们俩就像饿虎扑羊似的一下子就拿刺刀刺了三个；我正举起刺刀要刺那末了一个，忽然看见什么似的，也奇怪，就刺不下去。那是一个老头子，我不觉得眼前是一个日本兵，只觉得是一个和善的老公公,一个老学长,反正是一脸的害怕,求饶,跪在地上。白须下的嘴不住地牵动,一双眼就只管看住我一双凶狠的手。我从那颤巍巍的眼睛里,好像一直看到他的脑子,他的心,看得出他是一个可怜虫——像我一样,离开了老伴儿、儿子、孙子,拼着老命给拉了出来。看到这儿,我下不去手。我杀了他就跟杀了我一样……

我把枪放下了,望望四周,看看还有敌人没有,没有!影儿都没有。那个二等兵刚戮完了一个小伙子的肚皮,转过身来,看了那老头子一眼,就扑了上来。

"不许动!"我把他用力拖住,向后面摔过去。他奇怪地瞪着我。我一时找不出话,只似乎向他解释:

"……自己人……"

"手表!那老头子腕子上!"他指着老头子,又爬了起来。我真看不起那家伙,拿枪背使劲搡了他两下。

后来渐渐心情平静下去了,我想找路跑。可是这老兵也不好办。想了半天,才决定把他俘虏,就带他一道归队了。

这时,他脸上激动着,红红的血筋迸出来。

"可是,那家伙!"他捶了一下桌子,一盘花生米都迸到地上,"他给我告了上峰,说我通敌!他说,老兵给了我一个宝贝,我就放了他。其实哪里有什么宝贝,只是这佛像。那老日本在分手的时候,握着我的手,说不出话,挣扎了半天,只流出几行泪,最后把这东西拿出给了我,说了几句我听不懂的话。"

"可是我懂!他感激我!我并不自负,我以为杀这种人是不该的!"

他又用力拍了一下桌子,我赶快扶住酒瓶。

"可是上峰说,应该立刻就判我吃黑枣!那就别客气,看我的人也是好兄弟,我就跑了。后来打听,听说长官气得要命,差点把看守也枪毙,我就不敢回老家了,带着一颗自己觉得是善良纯洁的心,东奔西跑,又入了军队。去年这会儿才开来台湾接收。"

他的感情平下去了,我催着他吃菜。店里又来了两个大学生,似乎都鄙夷我俩,嘴角冷笑了一声,便挑了一个远远的地方坐下。

他又扔了一把花生米往嘴里。

"去年,我就可以回家了。可是,我出来也十年了。家里的人在这十年兵荒马乱里,说不定怎么样了呢。老光棍一个人就在军队里过一辈子倒也有点意思……"

他笑了,又吃了几口。我默默地看着这受难的、牺牲的 Aksyomof 一样的汉子。

"可是,大概再过半个多月,就再调上东北,还要打仗,这回是打八路。可是——我再不能忘了这佛像——这仁爱的友情的纪念品——"

接下来是静默,我俩都不再说话,默默地喝着吃着,望着远处天边。只听见那两个大学生叽里咕噜地谈笑——

(原载《新生报》1948年2月19日)

附录二 伐 檀

太阳才出来不久,密密丛丛的檀树林里,透进了筷子般粗细的光柱,照在刚才清醒的河水上,把水面的浓雾驱散。

"坎!坎!坎!……"

"绮雅海!绮雅海儿海!"

斧子砍在檀树上的清脆的声音;砍树人叹息的声音;接着是滋啦滋啦的树的撕倒的声音和整根木头倒地的声音。

几十株砍过的树根,排成一条小路。渐渐地,几个人扛着一根大木,移行在太阳光下。他们的用力的呼声,渐渐挨近,五个人吃力地把木头摆在河边。

一个年轻的疲劳地一下子坐在上面,把帽子拿下来扇着:

"妈的,一根根都扛进他庄子里去也不知干什么!庄子又那么远,一大早起来洗脸的工夫都没有!"

"命啊!命!还不是给老爷子造车子、盖房子。"大家痛苦地想,想把它想透。在沉默中间,火延烧到年轻人的心胸:

"他妈的!他凭什么!他,他自己不来种田,凭什么几千几百间的谷子,都收到他仓里去?……"

"老爷子骂不得!"年老的惶恐地看看四周。

"老狗!你怕!你给老爷子舔屁股去!"

"嘿！小棍儿！这是你长辈！"一个脸上有鞭痕的，爱护地责备，"大叔！也是的！又不耕，又不种，到时候他拿一仓一仓的白米，他自己不打猎，可怪得意地看他妈门上吊的狐狸皮，他本来就不是好人啊！要是，他也不会坐着白吃了……"

"对啊！他凭什么！我们耕，我们种，我们打猎，弄来了给他！凭什么！"

"凭什么！耕完打完还得给他砍木头造车子！"

"凭什么！……"

…………

太阳光已经升上来，照得到几个人的青面孔了……一个老的也把身子靠在一株树上。

"怎么样，还是得抬了走啊！……"

"我有法子！那会儿我们在北方砍过桧，从山上顺着水一点不费力就冲到山底！这儿不也是一条河么……"

"对啊！"其余四个人像是怕监工来一样跳起来，可是那小河却静静的，好像死了，只有日光照下来，一点点的灿烂的无数只眼睛在微笑。而当风吹过，才有一点波纹。

几个人骤然挨打了似的一下子把那股兴奋丢失了。一个无聊的扔进一片石子，轮一样的波延展开来。

"妈的！泡烂了木头也动不了窝儿呀！"

"扛吧！"年老的勉强弯下腰去，眼前一阵黑，只好顺势坐在地下，于是几个人都坐下了。

"活不了几年了……"老的叹口气，一面用手捶着腿。

"大叔！一清早干嘛说这不吉利的……"

"也是！一天做到晚，为谁？白糟蹋身子骨！"

这好像是一只火红的问号在几个人的眼前闪耀了。

太阳的光，把树影拉到不可再长，而直到了天边去的时候，还看得见几个人扛着大木在树中间穿来穿去。

　　　　根据《诗经·伐檀》改作。——作者附

　　　　（原载《新生报》1948年7月5日）

附录三　小人物的速写

张光直先生生前曾以吴襄笔名创作小说《小人物的速写》，刊在美国波士顿发行的华文刊物《秋水》11、12期（1982年秋季、1983年春季）。今征得李卉先生同意附刊于本书，以飨广大读者。——编者

杨老师

这天看到邮差送来的信件里，有一封从中国来的航空信，信封的左上角赫然写着"西安杨寄"，心里便为之一震。一个多月以前，辗转地打听到了三十多年前我在基隆送上船去的一位中学国文老师杨树芳在西安的现址，便连忙写了封短信去与他取得联系。这封信想必是他的复信了。杨老师当年在台湾与我很是接近，对我的影响很大，这三十多年来我对他一直很想念，所以我打开这封信时，心跳动得特别快，而且手是发颤的。但我把这封信看下去时，先是感觉失望，然后又感到震惊。这封信的内容是这样的：
"吴襄先生：
　"你的老师杨树芳是我的父亲；他现在身体很坏，所以让我先复你的信。

"事实上我的父亲的身体已经是残废了。他自五七年被划成右派以后，吃了二十多年的苦头。他最近虽然恢复了教书职务，可是实际上已做不了什么事了。他表面上还是拥护政府拥护共产党的，但我知道他的心理上已经接近毁灭了，因为他这一生不是已经白白地浪费了吗？

"我是学物理的，最近我有一项惊人的发现。你能替我在美国介绍发表我的一篇论文吗？科学院的学术权威们，我对他们是不佩服的。这篇研究的成果如果在国外发表，你看会不会得到诺贝尔奖金？我希望将来到美国去研究。那时我要向美国的朋友，向全世界的朋友，控诉中国×××的×××暴行！

"希望你马上回信回答我的问题。

杨　强

一九七×、×、×"

我把这封信轻轻地叠折起来，放回到信封里去，然后将信和信封一起掷放在书桌上。我瞪着这封信良久，我的眼睛逐渐被泪水模糊了，眼前出现了杨树芳老师三十多年前的身影。

一九四八年前后我在台北××中学高中念书的时候，对当时好几位老师留下了很是深刻的印象。教地理的王老师高高的个子，剪平头，戴眼镜，每天骑单车从三张犁来上班。后来听说是个共产党，在特务来抓他的前夕跑掉了。教生物的女教师，长得特别漂亮，只是头额凸些，大概因此额外聪明。后来发现也是个共产党，听说因此在一个做特务的男同事的要挟之下与他同居了。教数学的黄老师，穿一条蓝布大裆，是个数学天才，高中好几个班上的三角、几何、代数都是他一把抓。后来忽然失踪了，不知是被捕了还是跑掉了。总而言之，我们的那些中学老师里面不但有许多左倾的，而且有些在现在看来是负有任务的。

教我们国文的这位杨老师也不例外，可是和其他这几位同事比较起来，杨老师从外表上看来是最不像干革命的了。三十出头的年纪，瘦小的身材，走路的时候，两个肩头方方地向前翘起来，好像后面一阵风吹来便会把他四十多公斤的身躯吹倒似的。我第一次看到他是学期开学那天，在操场上踢球的时候。一位仁兄一脚把足球踢到这位自远处摇摇走过来的老师面前去了。这位老师居然兴起，向前跑了两步，甩起两臂，右脚朝着滚滚而来的足球一踢，可是却没踢到，球从脚下滚了过去，飞起来的是老师的一只布鞋。他不免尴尬地笑了笑便走向教室去了。不久上课铃响，大家走进教室去上国文，一看站在讲台上的正是那位踢球失鞋的老师。

"我叫杨树芳，陕西零县人，是专搞文艺批评的"，这是杨老师的自我介绍。他教国文是不用部定教科书的；我们上他的第一课是《诗经》里面的《伐檀》：

"坎坎伐檀兮，置之河之干兮；河水清且涟漪。

不稼不穑，胡取禾三百廛兮？

不狩不猎，胡瞻尔庭有县貆兮？

彼君子兮，不素餐兮！"

"你们看，"杨老师讲解了"伐檀"的意义以后，摇头叹息着说，"对当时那不平等、人吃人的社会，对那种社会的反抗，这是多么生动的描写啊！"从西周时代的不平谈到当代社会的不平，从《诗经》里面的吃人谈到《狂人日记》里面的吃人，从课堂上谈到课堂下，我们三四个常往常来的对文艺有兴趣的同学，逐渐成为杨老师家里聊天的常客了。杨老师的"家"实际上是中学图书馆后面走廊的一端用木板隔出来的一间屋子。杨老师单身一人，在屋里放张床，两把旧藤椅子，一张书桌，在屋外放了一个煤球炉，便是他的厨房了。

连我一起这三四个学生，就在杨老师的床沿上和藤椅上消磨了不少的时光，除了聊天以外，便是由杨老师改我们的习作了——杂文、散文、诗、短篇小说和文艺理论。那一两年间台北几家报纸的文艺副刊上登出来的稿子，就有不少是我们这几个高中学生写的，其中多半都经过杨老师的眼和他的红笔。杨老师喜欢抽旱烟袋，一到批评文章，要谈文艺理论的时候，便坐在藤椅上向后一靠，旱烟袋一吸，开始引用"润芝先生"的理论了——多半是出自他老先生在延安文艺座谈会上的谈话。文学应当如此，艺术应当如此——杨老师说开来时，眉开目笑，弱的腰板直挺了起来，眼神抖然地明亮了起来："这是天亮以前最黑暗的时刻；文艺便是我们战斗的武器！"

一九四八到四九年间是我们这一代青年最兴奋的年代了，因为天亮便在眼前，而黑暗世界里的牛鬼蛇神不是一待太阳东上便将消灭得无影无踪了么？正像这些常唱的歌词所说的：

"西边的太阳下山啊，

东边月亮爬上来；

从黑暗一直到天明，

快乐歌声唱不完！"

可是又像另外一首歌词所说的，"天快亮，更黑暗，路难行，跌倒是常事情"。到了一九四八年底，杨老师的眉头常常打结了，在他那间小屋出出进进的陌生人物也越来越多了。有时他们几个人在小声谈论什么事的时候，我或是我们一伙前去找杨老师，他们便停止了谈话，转过头来与我们谈：谈文艺、谈鲁迅；谈润芝先生、谈国事、谈战事。

有一天下了国文课，杨老师把我叫了过去，要我下午到他家去，有要紧事。我们这几个与杨老师要好的同学好不容易等到下午下了课，带了书包去找杨老师，却看见他屋里已收拾得空空如也，地上放着一个柳条包，一卷铺盖。杨老师看见我们来了，便把走廊上的门掩了起来，很严肃地低声说道："我今晚便到基隆去上船去上海，不能不与你们说声再见。"这个出乎意料的宣布使我们都大吃一惊，一时无话可说。小林比较用功，只能想到问这一句："我们的国文课怎么办呢？"杨老师苦笑着摸着小林的头发道，"看来以后再给你们补课罢！"我们几个人稍作商量，决定晚上一起送他上船。天黑之后，在杨老师的厨房里，胡乱吃了些街上买来的现成饭菜，然后几个人不言不语地提着柳条包铺盖走上台北车站，坐了火车到基隆，一步一步走上码头，把杨老师送到船上。轮船次晨才开，我们送他上船，帮他安顿在一间大舱的角落，看他瘦瘦的身子在铺盖上坐定，我们便告别回来，时间已过午夜。一路回来心情沉重，我只记得小林对我们说："不知以后还有机会相见否？今晚送别战士，是一生一世也难忘的。"

　　杨强的信使我又清楚地看到了三十多年前杨树芳老师文弱的身影来了。他现在已快七十了罢？身体虽坏，可喜还留得青山在。他那衰弱的身躯，还能顶下来这二十多年的磨难，可见他意志的坚强。我真想马上看看他，握住他的手，问问他这三十年的经历，问问他那年为什么匆匆地要离开台北，到了上海以后干了些什么事。三十多年以后的我也已过了中年，对他当年的行事，早有了一番新的理解。他那时是用文艺这个武器来参加革命行列，一心要来摧毁那自"伐檀"以来不断吃人的旧社会的。他回上海以后不久便天亮了；天亮以后他大概度过了兴奋的八年罢？这中间还成了家，生了杨强。可是八年以后杨老师又遭遇到更为黑暗的命运了。我不觉想起雪峰的儿子纪念他的父亲的一篇很是感人的文章来。杨老师与雪峰互不相识，但他们的受难大概是同时开始的罢？父亲们的命运是相似的,而儿子们的命运也很相像罢?他们在心里是不是都是这样的一个问题呢:"我的父亲当年是为你卖命的啊,而今天你为什么要把他整得这样惨呢?"我如果看到他们,我相信我在他们的眼里会看到怨、看到恨的。儿子不替父亲抱不平还有谁来替父亲说句公道话呢?

想到这里,我初读杨强的信以后的震惊逐渐转化为悲愤与惆怅了。对他的大问题我是没有答案的,也是没有回答的资格的。可是我所看到的他的父亲是他所没有看到过的,所以我鼓起勇气决定回他一封信。

"杨强:

"谢谢你最近来信。听说杨老师身体不好,很是关心,希望你替我向他问候,并且告诉他我很想念他,希望在不久的将来可以有机会去看他。

"照来信说,杨老师自五七年来遭受了不少磨难,我很替他痛心,但是我并不觉得他的一生因此便都浪费了。也许我这么想是因为我没有目击他的磨难,却在三十多年以前与他一起度过了一段快乐的日子——我说快乐并不是因为天下太平,生活如意,而是因为我们都相信我们是在为了一个理想而斗争着,并且还相信在这个斗争上我们是一定会胜利的,而一旦胜利,黑暗便消灭,太阳便上升,天便亮了。杨老师比我还幸福,因为他更进一步地经历了天亮的过程,而我却一直停留在旧社会里面。你的父亲为了理想而奋斗,而且进一步目击了那理想的实现。你可曾想过:在中国五千年历史上有几个人有过这种幸福的经验呢?他这一生显然是没有浪费了的,我们应当替他高兴才是。

"划成右派以后的杨老师又受尽苦难,这也是事实。杨强,你听到过基督传教的一些标语吗?'信主的人有福了',

可是'死后还要审判'。一个人活着的时候要听耶稣基督的话,照耶稣基督的指示办事,他死了以后就可以进天堂。不然,如果生时作恶,死后经过审判,便一定进不得天堂。所以虔诚的教徒有福了。

"杨老师如果听说我把一九四八年革命者的热诚比作基督教徒的虔诚信念,不知会不会哑然失笑?其实我并不是打这个比方的,因为这两者是不同的。基督徒如果生时虔诚,死后一定能进天堂吗?这个问题自我们无神论者看是不能回答的。其实如果能够回答的话,恐怕问题便多了。谁能保证死后的审判一定是公正无私的呢?万一我们竟发现人间的黑暗也被带入天堂,而死后面临的审判竟然是不公平的,竟然有托人情,走后门,讲关系这种情形发生,那么虔诚的教徒会作何感想呢?会不会后悔他们生时不该信主呢?教徒们放心罢,这种事情是不会有的,所以教徒们生时可以安心崇拜了,所以信主的人有福了。

"一九四八年的革命者和教徒之不同,是他们有目击天亮以后的福气——也可说是有目击天亮以后的不幸。在一九四八年我们欢唱:从黑暗一直到天明,快乐歌声唱不完!可是那些有幸自黑暗走到天明的革命者,却发现了那'死后还要审判'的真相了。天明以后的歌声,是不是还是快乐的呢?你说我们比起教徒来是有福呢还是无福呢?

"我说还是有福的。请你问问杨老师,看他对我的想法同意不同意?五千年来的中国,不早不晚偏偏要在我们的年代自黑暗开始走向光明。四十年代的一首歌唱得好:兄弟们,向太阳!向自由!向着那光明的路!你看:那黑暗快消灭,万丈光芒在前头!我们这几代的人是最幸运的了,我们这几代的人也是最不幸的了。我们的幸运是因为只有我们才有那走'向太阳、向自由、向着那光明的路'的千载一时的机会。可是那五千年来的黑暗有强韧的生存力量，不是一瞬间的光华便可以将它消灭的。要走那万丈光芒的路是漫长的、崎岖的、曲折的，我们跌倒的机会也比别人都多。这样说来，你和你的父亲的命运，和我的命运，和我们下一代，再下一代……不知下去多少代的儿女的命运，都是息息相关的。你的父亲战斗过了，下面要看你的了。

"也许以后有缘可以当面谈谈罢。至于物理学的问题，我是一窍不通的，很抱歉，我无法助你在美国发表文章。顺祝进步！

吴　襄
一九××、×、×于美国"

（原刊《秋水》11期，1982年，秋季）

孙在芳

正是春节那天，收到了王若英医师的一封短信。王若英是我在上海上小学时代的老同学，现在在上海××医院作心脏科的主治医师。我自五年前回到上海去以来便与她经常通信联系。这封信很短：

"吴襄同学：写这封信只是要告诉你一声，孙在芳同志已在昨日病故。你去年来时见了她一面，是她很以为喜的一件事，常常说起。追悼会已订在周内举行。若英。"

这封信的内容，早在预料之中，但消息来到之后，仍不免令人万分惆怅。我与在芳是四十年前一起读书游戏的小友，可是彼此不见已有三十多年，只在去年在上海见了一面，竟成永诀。收信以后，孙在芳的两个影子在我眼前萦回不去，一个是十二三岁的小学生，一个是五十上下的患了绝症的病人。从这两个影子上面我又恍惚看见了我们这一代中国人的命运。

我上小学那年正逢七七事变，所以小学六年都是在日本人占据下的上海度过的。王若英与孙在芳都是与我六载同窗共砚的同学。王若英的父亲是个颇有名气的西医，就在小学不远开了一家小医院，大大的门面，门外经常停着几辆黄包车。我们同学里面有五六个男生女生常常下了课以后去王家玩耍，其中便有孙在芳、在芬姐弟两个。孙在芬小我们一岁，名字像个女的，却是个长得高大的男孩，与他姐姐在芳如影随形，所以也是我们这圈游伴的一员了。姐弟两人长得很像，脸面都白得像粉一样，除了哭的时候以外，脸上经常是笑笑的，现出两对深深的酒窝，细白的牙齿。

小学的生活多是无忧无虑的；虽然这正是抗战时期，那战火的阴影却要一直到六年级的时候才比较严重地侵入到我们这一圈小伙伴里面来。我们都住得离学校不远，每天上下学都是背着书包走路。可是那年孙在芳、在芬两人忽然每天坐着黄包车来去了。我们中午都是带着烧饼、馒头、咸菜之类在学校的教室里随便吃吃中饭的，可是孙家姐弟每天家里有佣人送提盒来给他们吃中饭了。原来孙家伯伯这年在南京的国民政府（汪精卫政权）做了大官了。这件事在我们小孩子中间大概做了不到半分钟的话题，然后我们便又回到读书、玩耍这一类的正事上去了。

就在快毕业以前，班上出了一件不大不小的事故，把孙家姐弟的身份显露了出来。教我们日文的是一位日本教官，记得叫做藤田什么的，老穿着一套芥色的军服，人好像不错，总是笑嘻嘻的。这天上午上他的课，不记得为什么我们这班学生突发奇想要开他一个玩笑。上课铃响过,藤田先生大步走了进来,班长忙叫"起立!"全班起立、敬礼、坐下以后,藤田先生开始笑嘻嘻地讲书了。我现在还记得很清楚,那天上的一课,叫做"反对の言叶"。刚刚从头一字一字念下来,不过两三分钟,左起第一行第一排的学生忽然大声清了一下喉咙,站立起来,走到教室左前角去,把清出来的一口痰吐在擦得发亮的一个黄铜的痰桶中去,然后转过身来,大摇大摆地走回座位坐下,跟着大家一起朗诵。然后第二排的一个学生接着大声清了一下嗓子,也站起来,走到室角,吐了痰,转身回来坐下。这样一个一个如法炮制,到了四五个以后,这门课便上不下去了,因为全班的学生都在拼命忍住不笑,藤田教官站在台上哭笑不得,哪里还有人在念日文呢?这样僵持了几分钟以后,藤田先生把笑脸和书本一起收起,提起他的大皮包,大步走了出去。不几分钟以后,我们正在教室里闹得天翻地覆的时候,学校的训育主任怒气冲冲地走了进来,把我们大大地臭骂了一顿,然后全班罚站一小时。可是在执行罚站以前,他先把孙在芳叫了出来:

"孙在芳,你把书拿到教员室去等我!"

他虽然没说叫她去教员室干什么,可是全班都明白他把在芳叫出去的目的是不让她和我们一起挨罚。孙在芳低着头,小脸涨得通红,两滴眼泪在眼睛里转上转下,慢慢地拿了书,走了出去。

这事发生过了两个星期以后,我们便毕业了。行过毕业典礼以后,孙在芳把我叫过去,背着人将她写好的纪念册给我。她深深看了我一眼,然后低下头去,低声地说:"你们都说我爹是汉奸罢?其实他是好人。我还要你将来看看我跟孙在芬是不是跟小日本好的!"我不记得我说了些什么,只记得瞪眼看着孙在芳那粉白色的小脸和大大发亮的两只黑眼珠。不久之后,我便去北京上初中去了。王若英、孙在芳、孙在芬这些玩伴们不久之后在我的印象中也便逐渐模糊了。

谁知四十年后我又回到上海与孙在芳再见一面。

五年以前在上海与王若英取得联系以后,便与她经常通信往还。她继承父业,在大学里学医,又在部队里做了不少年的军医,前几年才调到××医院的心脏科,现在已是上海有名的心脏病专家了。去年夏间我在国内各地旅行,最后回到上海,大概是疲累过度,生了一场病,在旅馆里闭门吃药,越吃越坏,下了个决心给王若英医师打了个电话,问她如何是好。王若英便约我到她的医院亲自给我诊断。她虽是心脏病专家,我这点小恙自也不在话下,马上诊断是支气管炎,以大量的青霉素注射,果然起死回生。最后一次去看她时,她听了我心肺以后,放下听筒,笑笑说,"老吴,你大概差不多了。你若是不急着走,我想让你上楼去看望一个病人。"

"好嘛,"我说,"是谁呢?是我认识的人吗?"

"你还记得孙在芳吗?"

王若英一提这个名字,我马上想到这位六年同窗的老朋友来,和毕业那天孙在芳跟我说话的情景。自从那天以后,便与他们姐弟失去了联系,但他们父亲的下场却自报纸上看到一些。抗战胜利以后,他被国民政府逮捕以汉奸罪名审判了,但是好像政府看在他在干共产党上与重庆合作过这点面子上,只给了他较轻的刑罚。解放以后辗转听闻他被共产党枪毙了。想到这里,我便对王若英轻轻点头道:

"自然记得。听说她父亲早死了,她母亲还在吗?她为什么住在这里?她得的是什么病?"

王若英叹了一口气。"说来话长。在芳在抗战胜利以后也到北京去上中学，不久便加入了地下党，专门负责北京与解放区的联系工作。因为工作的需要，她经常不论夏天冬季要在夜间在水里偷渡，常常几个小时把全身淹没在水里。她工作特别努力，多少年不肯休息，一直到北京解放为止。就因此而在青年时代便造成了风湿性的心脏病，三十年来愈来愈坏。现在虽在医院里疗养，她的生命已不久于人世了。"

"孙在芬呢？"

一道阴影横罩在王若英的面上，她沉吟了一下，淡淡地说，"他在六七年自杀了，他跟在芳因为过去家庭背景的关系都被整得很厉害。"

我猜想这中间一定还有下文，但我知道王若英自己在"文革"期间也受过很大的创伤，孙在芬的死很显然地引起她自己的痛苦的回忆，便不敢再问，把话题又回到在芳上去：

"她还有多久呢？"

"她随时会死的。可是她是很乐观的；我做医生这么多年还没有看见过像她这样乐观的病人呐。前几天我和她聊天聊到你正好要回到上海的事，她说她很想见见你。"

听了王若英的话以后我稍微踌躇了一下。我的人生经验虽不算贫乏，却还是没有面对死亡的把握，何况要死的人是个四十年不见的少年游伴呢！可是听着王医师略谈她的经历这几分钟之间，孙在芳在我心目中骤然地变化了，从一个富贵人家的粉白脸的闺女，变成做过惊天动地的革命事业的伟人了。我对她的怜悯心情变成了对革命者的崇仰和尊敬了。我默默地站了起来，把衣服整了整，跟着王若英向楼上走去。

病房在四楼。王若英带着我走进去的一间病房是个双人房，但只有里面靠窗的一张床上有个病人。这是个看来至少有六十多岁的女子，中长散乱的灰发，两只微弱无神的眼睛透过很厚很凸的眼镜向我打量。她人坐在硬板床上，上身穿着一件白色的病人穿的布衣，下身盖着床单。布衣搭在上面的两只肩膀好像只有两三寸厚，肩下露出的两只胳臂像两支细木棍一样支在床上。果然这是个病得很厉害的病人，只是她脸色红得有些发紫，而且脸上带着微微的笑容。她不等王若英开口介绍，便说：

"你是吴襄罢？还记得我吗？你看我病得不成人样了。"

本来是很紧张的我，唯恐说错话的我，如今在孙在芳的面前，在这垂死的病人面前，却很快地感觉到十分的平坦。这与我记忆中的女孩子相差何止十万八千里，可是她也一定看不出我来的罢。我笑了一下，说："孙在芳，你还记得我吗？怎么四十年不见，你就生了场病？你的病好些吗？"

"我快要死了。"孙在芳还是微微笑着，很平平稳稳地告诉我，"我没有多久了。听说你来，想看看这位做了美国人的老同学现在变了个什么样子。"

"哦？我变了个什么样子呢？"

在芳故意把我上下打量了一下："我看你还是老样子，只是长高了些。变的是我这一辈子很快就过去了，可是还是值得的。听说你来，想看看你，就跟你说这句话。若英告诉你了罢？在芬早死了。"

我点了点头，"听说他……"

"你不必怕说死，我是不怕的。多少年来大风大浪见过不少了，没有什么可怕了。你家里人都好罢？"

她问的是我的父母兄弟，因为当时在两家玩耍的时候，彼此都和家里大人很熟。我便把我家里诸人几十年来的情形述说了一下，然后谈了一些家常话，我看她有点疲倦便站了起来告辞。离开她的病房的时候，回过头去看她一眼，她也回过头来看我，还是微微笑着。这是四十年前那一次看着我的同一张脸孔，可是粉白的小脸如今是紫红色的了，发光的眼珠已是迟滞无神的了。可是这张脸下的平静的心情，坚强的意志，还是一样的罢？这怕是我看她的最后一眼罢？生命应该是更始复新的，可是这瞬间上海的小学毕业班里有没有新的孙在芳呢？

到了楼下，我便向院外走去，向王若英道谢、告别。临别前我转回身去，低下头来在她耳边轻轻地说："谢谢你带我去看她，让我对中国的前途增加了信心。你看，我们这三个老同学走的道路真不同；谁的这一辈子是最值得的呢？"

若英摇摇头，抬起头来向着四楼的窗子看了一眼。"老吴，下次再来！她的情形我再写信告诉你。"她招招手便走进医院里面去了。

（原刊《秋水》11 期，1982 年，秋季）

王恢和李继禹

八月的台北是炎热而且潮湿的，炎热和潮湿把人压迫着透不过气来。在台北的街上走着的时候，头顶上的太阳，和从脚下的柏油辐射上来的热气，把人压挤在中间，脸上和露在短袖外面的胳膊，都会感受到一股重力的压迫。如果可以把人缩小，放到烧热的烤箱里去，那时的感受大概也不过如此罢。

这年八月我在台北住了整整一个月，这天已是最后一天了。我刚自外面太阳的淫威之下逃进了××大饭店的冷气开放的房间里面，闭上双眼，躺在沙发上作最后半小时的休息，等着老张开着××大学的车子来接我，去桃园机场，然后一直飞返美国。先是六、七两月我到安徽合肥的某大学教了两个月的书，然后转道香港前来台北，与××大学研究所合作一有关生物化学的实验计划。这个计划，实际上只进行了两个星期，但结束之后又用了两个星期的时间从事各种应酬，所以迟到，这天才能整装成行。现在是一切行李都装束完毕，只待坐车登机了。我举起左腕看了一下手表，距老张约定来接的时间还有半个小时。老张是十分守时的，所以睡个小觉的时间是没有了，但是正好可以利用这段时间躺下来想想这些日子中没有时间细想的一些事。这个暑假三个月来，我在科学专业上的工作虽然进行顺利，却并没有什么意外的收获。可是这三个月中在人事上的遭遇却有些值得细想的情况。老张与我是四十年代在北京一起上高中的同学，多年来一直保持联系。可是今年暑假中我又前后碰到了另外的两个中学好友，王恢和李继禹，而他们的境遇却使我久久难以释怀。

老张、我、王恢和李继禹是在一九四〇年代初期在北京×中同班的同学，而且彼此要好，用今天的术语说，可以说是一个小小的"四人帮"。老张和我是比较用功念书的，王恢和李继禹则比较喜欢活动，但我们四人都爱谈政治。这时的北京，在日本人的统治之下，但是出城便是八路的天下。我家住在西城，一到秋天我常出西便门去挖蟋蟀和油蛉蛄，有时一出城门便看到被八路挖出来的铁轨，有时还看到出轨倒下的火车头。西单商场的报摊上面卖的是《华北日报》（后来又改名叫《华北新报》），可是报贩认识我们，一见我们来便弯身自下面掏出只有两三天久的《晋察冀日报》，有时还有《解放日报》，也不知是怎样从城外偷运进来的。从他们那里还可以买到土纸本的《论联合战线》、《论持久战》等等，以及中译本的斯诺的《红星照耀下的中国》；这些在×中学生中间都是相当普遍的读物。这时北京年轻有血性的学生所直接看到的抗战双方，一方是"小日本"、"高丽棒子"和"伪政权"，一方是打日本打伪军的八路；我们向哪一边倒自然是不必说的了。

一九四五年的八月北京城里流言哄哄，先是听说苏联参战，不久又听说美国在日本投了两颗新发明的威力无比的大炸弹。虽然不知道这些消息的真伪，人人却都觉到不寻常的事马上便会发生了。果然八月十五日在无线电上听到日本天皇的广播，说他有鉴于"苍生沦丧，不知伊于胡底"，所以接受了联军的和平条件向美国、中国投降了。消息传出，举市狂欢，物价暴跌，街上卖的炸糕变得又大而肥，又加上蘸着吃的白糖。可是不久之后，重庆前来的接收大员，代替了日本人骑在北京市民脖子上的主人地位，内战的战火逐渐燃烧起来，抗战胜利带来的好日子瞬息而过，炸糕又瘦了下去，白糖也不给了。我们这"四人帮"中四人的命运也一个个开始变化了。

那年的年底，头一个变化的是王恢。王恢自小没了父母，住在南城的一个亲戚家里。一个严寒的晚上，王恢忽然到我家来找我，向我告别。我事先不知他要离去，很是震惊，一直追问他为何要走，走向何处。王恢本来不肯讲，只是表现得非常兴奋和喜悦，两个眼睛睁得大大的，一张嘴一直盖不拢的笑。后来他禁不住我的追问，很是神秘地告诉我："吴襄，咱们俩老同学，信得过你，可以告诉你。可是这是大事，他们千叮咛万嘱咐叫我不能跟任何人说的。明天清晨我们十几人在车站集合，坐火车南下到×县；然后说要向西走到晋察冀的总部去参加革命。"我听他说后，一则代他喜悦，一则很是紧张，一则又颇惆怅，与他再谈一阵便互道珍重握别了。

这以后内战越打越大，老张不久随着家人前去台湾，我也在一九四×年随到。离开北京以前，去南城骡马市大街附近李继禹的家与他互言再见。李继禹家是老北京,如今五世同堂。他笑笑对我说,"咱们四个人走了三个,我在这里替你们看家罢。希望你们不久都回来再聚!"老李是个老实人却有干劲。他我都受了前进文学、前进思想的影响,但是他是说了以外还要去做的。我知道他这时已与北京的地下党取得了联络,已经开始参加他们的工作了。他说希望我们回去再聚的北京,自然是"解放"以后的北京,可是那时的他和我都没法知道我们这个愿望要到何时才能实现。

我到台湾以后不久便结束高中,考上×大,匆匆数年一晃便过。一日我去师院访友,自和平东路大门走进,劈面碰到一个穿制服的高个子,初见只觉眼熟,但不到三五秒钟便出口叫他:"王恢!你怎么在这里?什么时候来的?"王恢见我,怔了一怔,迟疑了一刻,向我挥手示意,走到一处僻静地点,他才开口说话:"吴襄,希望你叫我这一声没有被人听到。我不知你在这里,不然早去找你了。我现在不叫王恢了,我现在的名字叫赵大成。"我略一迟疑,很快地便恍然明了了他的现状。因为他急于要走,于是约定数日后在师院宿舍见面详谈。

不料我与王恢之约结果未能履行。便在我们见面的次日,台北发生了所谓"四六事件",即在一九四九年四月六日的清晨,台北的军警特务在陈诚指挥之下将台北大专院校的左翼学生一网打尽。我在报上刊载的被捕学生的名单里看到了赵大成的名字,嗣后便未与他再见,后来听说他在台北关了一段时间以后,送到内湖,最后又送到火烧岛长住。我在大学毕业之后,便到美国读书、就业,逐渐在生化学界站住了脚,成为小有名气的"学人",匆匆便是二三十年以后了。其间除了与台湾的老张一直鱼雁往还以外,便与王恢和李继禹再无联系,不意今年在三个月之内在北京与台北与他们前后相见。

自从乒乓外交，中美开始实行三通以来，我便尝试着写信到北京李继禹的旧址，想与他恢复联系，只是先后写了三次都始终得不到他的回音，我只好放弃了与他通信的希望，其实也不知道他是否在三十年后还在人世。到了一九八〇年初，忽然接到他自北京写的托一位来美访问的朋友带来美国投寄的一信，内容很是简单，只是说早已收到我信，因身体欠佳，久难执笔，所以迟迟未复，很是抱歉。但信中又说，我如下次回国，不论是搞业务还是探亲，务必让他知道，好由他招待叙旧一番。所以这年我应合肥某大学之邀前往"讲学"，便先去北京数日，唯一的目的便是去找继禹，问问他三十年来的情况。

这天到了北京，先到友谊宾馆报到，晚饭后便催车前往李继禹的家。我上次前去是一九四×年，他一家五世住在一个三进的四合院式的房子里面。这次前往，却前前后后都住满了人，好像个大杂院。我问李继禹住在哪屋，便被引进第二进四合院的南屋，进门一看，果然是李继禹坐在床沿上，面貌依稀仍旧，只是须发花白，看见我来面现笑容，却不起身，向我作了一揖，说道："老吴你好！恕我腿疾，不站起来迎接远客了。"我问他是什么病，他却含糊过去，马上问我三十余年来读书作事经过。谈了许久，我说，"该谈谈你了。你这干革命的，一定做到了中级以上的干部了罢？如今在哪里服务？"他苦笑了一声，只说："咱们老北京，说句北京话，混个嚼谷而已。你在国外表现得很好哟。我看到组织上对你写的报告，说你在美国名大学教书有声望，而且是个爱国分子。不过你今天刚到北京，一定很累了。明天特别请你来我这里，一起去离此不远的晋阳饭店吃个饭给你洗尘罢。"

李继禹话未说完，门帘从外掀起，屋里骤然一亮，进来的是个二十上下的大姑娘，梳着两条长辫子，淡淡的眉，圆圆的眼，看到我这个陌生人怔了一下。李继禹连忙介绍道："这是李薇，我的姑娘。这位是我常跟你说起的在美国做教授的吴叔叔。吴叔叔正要回宾馆，你就送他到大街上去坐车罢。"

从李继禹家到车站很有一段路走，李薇陪我在星夜下走去。最初有些腼腆，不大说话，但很快地便忍不住问我："吴叔叔，您跟我爹是中学同学是罢？您跟他同岁罢？"

"同岁。你爹大我不过两个月。你为什么问我这个？"

"您看着比我爹年轻多了。他很早便谈过您，您前几年写来的信他也收到了。他对您很是钦佩，很是羡慕的。这次听说您要来，他好几天都睡不着觉。"

我沉默了数步，然后问道："可是他没回我信。他的腿是什么病？你妈我怎么没见到？"

李薇迟疑了一下，然后很痛快地一口气吐出来了一大套："我妈早不在了。我爹的腿是红卫兵打断的；左腿还打断了两次。他一直在北京×委工作。文化大革命以后，他们说这是黑窝，把我爹关了两年。我妈跟我说过，事情刚起时每天把他找出讯问，我爹晚上回来便直着眼发神经，说他这一辈子完了。关了两年放出来以后，一直在家里闲着。最近他才平反，并且恢复了×委的工作。他其实不用去上班的，可是他恢复工作以后兴奋极了，天天拄着个拐棍去上班。"说到这里，我们已经走到车站，正好有一辆公共汽车来到，我便急忙挤上，与李薇招手道别，说好明天再见。

第二天下午我如约来访。继禹父女两人带我一起到晋阳饭店吃了一顿丰盛的晚餐，餐后又回到他家小坐。才一坐下，我便开门见山向他问道："继禹，你在'文革'时期的遭遇，李薇大略跟我说了。我在海外也听到过一些当时的情形，可是你还是亲身经历过这场苦难的我的头一个熟人。我是深知你对革命的贡献的；我真为你不平。"

李继禹低下头去，苦笑一声："你我在一起做理想之梦的时候，还有你走了以后我在地下党中工作的时候，倒是没有想到我有一朝也会成为革命的对象的。这真是一场噩梦；可是这不是我一个人的噩梦，是全国的噩梦。"

"你当时感想如何？"

"感想？谈不到什么感想，只是不懂，不懂我自己什么地方错了。可是错是一定错了的；这种困惑比两条腿被打断了还要苦疼。我一直想我这一辈子就完了。连错在哪里都不知道，还有什么资格讲革命，做××党？"

"现在呢？"

"现在已经完全走回到正确的路线上去了，我们对党的信心基本上是恢复了。一切还是光明的，前途是充满着希望的。我还是一样工作，只是身体不如从前了，不知我今后所做的工作还能搞出来多大的成绩，十年浩劫之中所浪费的生命还能补上多少。吴襄，说说你罢。你这次回来，觉得北京比三十年前有何不同？"

我毫不迟疑地说："文化还是一样，社会是全变了。换言之，文化还跟不上社会。"

李继禹眼睛亮了起来，大声笑道："到底是大教授，你这话正合我心！希望你多给祖国做些贡献罢。"

我也笑了笑："当然，我这次回来便是去合肥讲学呀！我去外国念书，也可以说是借洋人之力为中国储备人才罢。可是对新中国说，我却是坐享其成了。中国有今天，全靠你和像你这样的老干部的。"

李继禹用手指着李薇，说："中国有没有明天，就要靠他们了。"

这天晚上与他畅谈到半夜以后，结果无法回去宾馆，便在他的书桌旁边铺了张木板胡乱睡了一夜。第二天便启程去合肥上任去了。

　　在合肥讲学完毕之后，便匆匆赶到香港，然后转去台湾。对北京和合肥的环境和气氛适应了以后，乍到台北，看到那商店中各种奢侈消费品堆积如山，路上计程车和私家汽车如水如龙连接不绝，心中又觉兴奋，又觉悲痛。见了老张，将李继禹情形相告。老张对他印象已较淡薄，但亦欷歔不已。这以后两周我便专心从事研究计划。这个计划居然引起报纸的注意，××报的记者还特地来访我一番，将我们的工作，在报上稍做吹嘘。

　　这天中午饭后刚回到饭店房间里准备休息，忽然楼下柜台的服务小姐打电话来说，有一位姓赵的要找吴教授，不知我认识此人与否。小姐问我此话，好像对这位姓赵的是否真认识我表示怀疑。我在脑里打了几转，无论如何想不起来我在台北有位赵姓朋友，但既然找上门来，只好看看是谁，便说请赵先生上来。不过两三分钟，有人敲我房门，我过去打开一看，却是位穿着颇为褴褛，胡须四五天没刮的中年大汉。他两腮瘪下，两眼呆滞无神，可是两只漆黑的眼珠前后左右转来转去，很快地把我房间里外一眼扫过，然后走进屋来，左腿有些瘸拐，站定之后，两眼避开我不看，用很低哑的声音嚅嚅说道："老吴，还记得王恢吗？"

　　王恢这个名字一说出来，我马上便辨认出来。他虽然老了许多，但块头眉脸还差不太多，变化最大的乃是他的神情。当年的王恢是个光明正大的爽直汉子，说话声音洪亮，笑脸迎人，两排雪白齐整的牙齿，一看便使人发生亲切的感觉。如今站在我面前的这个人,却可说是"两眼贼相",卑猥无已。我大吃一惊以后,很快恢复了自制的能力,便请他坐下细谈。

"不坐了。你这大教授,这里是观光饭店,不是我这种人久留之地。在报上看见你大教授在此,只是想来找你讨两个钱,吃口饭。"

我听他这样说很是惊讶,颇觉无法应付。"你坐下,坐下。你现在何以为生?"

"咳,别提了。我给他们害惨了。一身是病,这条腿也坐老虎凳坐瘸了。做事也没人要,在街上摆摊给人算命,骗几个钱便是。一天有,一天无。你大教授手头上总有些钱的,给我几张票子我便走了就是。"

对此我稍觉踟蹰。以王恢与我的交情,应当把他留下来,代他安顿一下。可是看他的神气不自主地产生了一种厌恶的感觉,而且觉得他我之间这几十年的距离恐怕已经成为一个不可超越的鸿沟了。于是伸手把钱包掏出来,里面只有两张小票子,还没有递将过去,王恢马上像抢一样从我手上拿去。我忽然想起,我屋里面箱内还有几张钞票,便对他说,"你等一下,我内屋包里还有",说毕便走进里屋,把箱子打开又拿了一小卷新票子出来,走到客厅,却看不到人,赶出门外,走廊上也空空如也,想必是王恢在我不在这几分钟之内溜走了,大概是觉得不好意思罢。

过了一会,准备出门,却找不到我放在会客室桌子上的照相机。找来找去,没有踪迹,最后不得不承认,那跟我十几年的日光牌的相机,是被王恢偷去了。

这天晚上我第一次在台北喝酒醉倒,不省人事。

想到这里,听到有人敲门,原来是老张来接我了。提了行李下来,两人坐在车内,驰向桃园机场。王恢来看我的事,我还没对老张说过,这时便禁不住将此事详细地描述了一番。老张很是惊讶,奇怪为什么王恢没有去找他。我们研究一番的结论是王恢不知道他在台北,而老张是个不出风头的科学家,在社会上不出名,所以王恢自火烧岛出来以后还没有发现这位老同学,不然一定早去求助了。我问老张说,"我们四个老同学,谁想到三十年后的今天各有各的出路。你觉得将来历史上会给我们什么样的评价?"

老张笑笑说:"我们这种小人物,连你老兄算在内,恐怕都上不了历史罢。"

"不错,"我坚持着问他,"算是我们下一代儿女替他们的父亲评价如何?"

老张偏着头想了一想:"中国有今日,几亿人里面我们四个人都尽了一份力,下场不过如此而已。王恢的下场最令人痛心;听你讲他时我想起'白毛女'里所说的,旧社会把人变成鬼;王恢真是变成鬼了。可是新中国的开国,他也有一份功劳。李继禹是最为脚踏实地的;虽然只是个小齿轮——或者说是胡适的'过河卒子'——我要说他居功最大。"

"你我呢?"我忍不住要问他。

"我,只是独善其身而已;中国几亿人中间不多我一个也不少我一个。你呢?对了,我忽然想起了一篇文章来,刚才来接你的时候在路上才看到的。"说着,老张便伸手把一本杂志递给我,我接过来一看,原来是最近一期的××杂志,打开的一页上有一篇署名何不凡的一个专栏,文章的题目是"对旅美学人的两点忠告"。我笑笑说,"这大概不是针对我而发的罢?"于是聚精会神地看下去:

"近年来有一些旅美学人常趁暑期之便,受大陆或国民政府的邀请资助,回国讲学,把自洋人学到的科技新知向国内引进。大陆在十几年来民生疲敝之际,力求现代化;台湾虽然经济起飞,亦需百尺竿头,更进一步。所以旅美学人在大陆在台湾都适应时代的需要,成为国人所欢迎的天之骄子。

"可是,回国讲学的旅美学人们!我们虽然欢迎你们回来,却不哀求你们回来。我对你们里面若干人的洋洋自得的态度,处处特殊待遇的要求,是看不惯的。接待你们的大人先生们,对你们卑躬屈膝,并不一定是他们一贯奴隶性的表现,而常常是敢怒而不敢言的。接待你们旅美学人乃是国家的政策,他们做公仆的只好遵命奉行。可是我何不凡素有小疯狗的外号,对你们不必假客气,想说啥便说啥。我对你们出力贡献祖国、贡献民族,是举双手赞成的。但我有两件逆耳的忠言,不知你们听也不听。

"第一是请你们了解:今天祖国请你们回来,是送给你们一个对中国的前途作贡献的新机会,而不是请求你们施舍的。用你们美国话说:We are doing you a favor, but asking for your favor。从我们住在台湾的人的立场上说,自四九年以来,里里外外受过多次的打击,你们在这期间都出洋去了;近年台湾在经济上如果有些起色,是靠我们留在台湾奋斗的人奋斗出来的,你们干了些什么?就是从大陆的立场来说,三十多年来大陆上的知识分子,不管他是干革命的也好,在多次运动里受迫害的也好,今天大陆这个摊子,好好坏坏,也都有他一份,可是没有你们的一份啊!像'万世师表'这出戏里说得好:将来若是你们的孙子孙女——不论是用中文还是用英文——问你说:爷爷,你在中国最艰苦的时候,给中国干了些什么事呢?请问你们如何回答?今天请你们回来讲学,帮助中国做点事,也能帮助你们在你们的孙子孙女面前抬得起头来。

"我第二件忠告,是针对你们中间的两面派的。你们拿了美国的护照,今天去大陆,明天来台北,脚踏两只船,左右逢源,好似苏秦张仪,身怀绝技,走遍六国,有奶便是娘。旅美学人呀,你们身中所怀的科技,是要伺候什么样的主子呢?你们若是希望中国走社会主义,走共产主义,便请上大陆。你们若是要中国走资本主义,走自由主义,便请来台湾。你说:我是民族主义者,两边我都服务。我说:旅美学人呀,请你们对你们那套科技对中国前途的影响,加以一番考虑罢!鱼与熊掌,不能兼顾,你们还是看看谁才是真正的民族主义者,做一个选择罢!"

看到这里,我把杂志放下,发怔半天,一时说不出话来。老张问我:"看完做何感想?"这时汽车已到机场,我苦笑了一声,提起沉重的行李,向着"出境"的箭头蹒跚走去。

(原刊《秋水》第 12 期,1983 年,春季)